満足するコツ

「ありのまま」で
幸せになる
94のことば

植西 聰

自由国民社

まえがき

「幸せだ」
「楽しい」
「うれしい」

そのようなポジティブな感情が、どこから生まれてくるのかと言えば、それは**「満足する」**ということではないかと思います。

今の生活に不満ばかり溜め込んでいる状態では、何事にも「幸福感」や「楽しさ」や「うれしい」といった感情をおぼえることはできないでしょう。

「満足する」からこそ、友人や家族と一緒にいる時間に、幸せを感じることができるのです。

「満足する」からこそ、趣味やスポーツに費やす時間を、心から楽しむことができるのです。

「満足する」からこそ、人から親切にしてもらったことを、うれしく感じることもできると思います。

故に、人生において「満足する」ということは、とても重要な意味を持っているのです。

従って、日々「満足する」ということを心がけ、大切にして生きていくのが良いと思います。

しかし、この「満足」という感情は、決して、人から与えられるものではないのです。

よく、「あの人がしてくれたことに、満足できない」といった言い方をする人がいますが、真の満足感というものは、そのように他人から与えてもらうものではないのです。

むしろ、**「満足」というものは、自分で、みずから作り出す感情**ではないかと考えます。

みずからの心の力で、みずから心がけることで作り出すものなのです。

そういう意味では、どのような状況であれ、何事にも、人は「満足する」ということができます。

みずから「満足する」と決めれば、何であれ、満足することができるのです。

そして、その満足から、たくさんの幸福感、楽しさ、うれしさを得ることができます。

自分の人生に、あるいは、自分自身という人間に、不満を抱いてしまうか、それとも心から満足するかは、その人の考え方次第です。

その人が「満足する」と決めて生きていけばいいだけのことなのです。

しかし、それが意外と難しいと感じる人もいるかもしれません。

本書では、そういう意味から、「満足する」ためのコツを色々な角度からアドバイスしています。

参考になるところが一つでも二つでもあれば、著者として幸せです。

著者

目次

第1章　思い通りにならない人生に、満足を見い出す　17

第2章　80パーセント幸福主義で、満足する　39

第4章　どんな判断も行動も正しかったと考える　89

第5章　ありのままの自分に満足する　113

第6章　自分らしい生きがいを楽しむ　137

第8章　与えること、与えられることに満足する　181

第9章　成長し、育てることに満足する　201

第1章

思い通りに
ならない人生に、
満足を見い出す

「満足」とは、みずから積極的に創造していくものである

◆満足できる条件が与えられることを、待っていない

「満足」というものは、「受け身」のものではないと思います。

つまり、「与えられるもの」ではないのです。

「こういう条件が与えられなければ、満足できない」というものではありません。

むしろ、「満足」とは、「みずからの心の力で創造していくもの」なのです。

たとえば、「こんな赴任地では、満足できない」という人がいます。

ある大手の会社に就職した人は、東京の本社での勤務を希望していたのですが、地方都市の営業所に配属になってしまったのです。

しかし、ここで、「地方の営業所で仕事をすることには、満足できない」と不満をこ

ぼすのは、「受け身」の考え方だと思います。

そのような受け身の考え方では、いつまでも「満足する」ということはできないでしょう。

従って、むしろ、**「満足」を誰かから与えられるのを待っているのではなく、与えられた条件の中で、みずから作り出していくことを考える**ほうが賢明です。

地方でする仕事の中で、「どうすれば、この地域のお客さんたちに喜んでもらえる仕事ができ、どうすればこの地域に貢献できるか」と考え、工夫しながら仕事をしていくのです。また、「この地域で楽しく暮らしていくためには、どうすればいいか」を考えて、色々なことにチャレンジしていくのです。

そのように、みずから積極的に働きかけていくことで、本当の意味での「仕事の満足」「人生の満足」が生まれてくるのです。

したがって、満足できる条件が与えられるのを待っているのではなく、みずから満足を作りあげていくポジティブな意欲を持つことが大切です。

人生は思い通りにならないからこそ、忍耐力が身につく

◆忍耐力を生かして、成功することもできる

「人生は思い通りにならないものだ」と、よく言います。

確かに、その通りだと思います。

たとえば、「今日は、仲のいい友人に会って楽しく過ごそう」と予定していても、どちらかが急用が入って、その友達に会えなくなる場合もあるでしょう。

その他、仕事にしても、人生にしても、あるいは人間関係にしても、思い通りにならないことがよくあると思います。

問題は、その「思い通りにならない人生を、どう考えるか」という点にあります。

たとえば、「思い通りにならないから、嫌だ。やってられない」と考える人もいるで

しょう。

しかし、そのようにネガティブに考えるのは得策ではないと思います。

自分の人生が不満だらけになってしまうからです。

確かに人生は思い通りにならないものかもしれませんが、それをポジティブに受け入れることもできるのです。たとえば、**「人生は思い通りにならないから、忍耐力が身につく。その忍耐力を生かして、仕事で成功できるだろう。人間関係をうまくやっていけるようになるだろう」**と考えることもできます。

そして、このようにポジティブに考えることで、思い通りにならないことを受け入れることができれば、「満足のいく人生」に向かって、より創造的に自分の人生を築いていくことができると思います。

人生は、その人の考え方次第で、いい方向へも、悪い方向へも向かって行ってしまうものです。いい方向へ向かって行く、ポジティブな考え方をすることが大切です。

「うまくいったこと」に意識を向けて、気持ちを切り替える

◆思い通りにならないこともあるけれど、うまくいったこともある

フィギュアスケートの選手としてオリンピックなどで活躍した人が次のように語っていました。

「選手生活では、思い通りにならないことも多いです。ちょっとしたケガをして、思う通りに練習をできない日もあります。また、本番の大会で、思い通りに演技をできない時もあるんです。もちろん、その時には、悔しい思いをし、落ち込んだりもします。自分の演技に不満も残ります」

しかし、彼は、そんなネガティブな思いを後々まで引きずることはないそうです。

それは、彼が、すぐに気持ちを切り替えるように心がけているからです。

練習でも本番でもそうですが、「思い通りにならなかったこと」がある一方で、「うまくいったこと」「思い通りにいったこと」もたくさんあるのです。

彼は、**「思い通りにならなかったこと」というネガティブな面ではなく、「うまくいったこと」というポジティブな面に意識を向ける**ように努力しているのです。

ポジティブな面に意識が向くと、「何はともあれ、いい練習ができた」「本番でがんばることができた」という満足感が生まれてきます。

その満足感から、次の練習、次の大会へのやる気も生まれてくる、と彼は言うのです。

人生や、仕事などの色々な場面で、「思い通りにならないこと」に突き当たって、落ち込んだり、悩んだりしている人もいると思います。

しかし、反面、「うまくいったこと」も多いのではないでしょうか。

ですから、何かに悩んでいる人は、この事例のフィギュアスケートの選手のように、「うまくいったこと」に意識を向けて気持ちを切り替えるほうが良いと思います。

そうすれば、豊かな満足感と、明日への熱い意欲が生まれてくるでしょう。

一生懸命な人には、必ず「感謝してくれる人」がいる

◆「ありがとう」という言葉を、心の励みにがんばる

看護師として働いている女性がいます。

彼女の仕事は、日々、思い通りにいかないことの連続だと言います。

もちろん、彼女としては、全力で仕事に当たっています。

しかし、患者さんの症状がすぐに改善するということはあまりありません。

むしろ、彼女の介護にも関わらず、症状が悪化していく場合もあります。

時には、患者さんから苦情を言われてしまうこともあるのです。

しかし、落ち込んだ気持ちを引きずったままでは、明日の仕事に支障が出てしまいます。

そうならないように、彼女は、上手に気持ちを切り替えるようにしています。

思い通りにならないことに悩むこともありますが、一方で、患者さんたちから「よくしてくれて、ありがとう」と感謝されることも多いのです。

彼女は、**自分に「ありがとう」と言ってくれた患者さんのことを、意識して思い浮かべるようにしている**のです。

そうすると、「私は、一生懸命にがんばっている」という満足感が心の中からわき出してきます。

その満足感から、「明日も、患者さんのために努力していこう」という熱い意欲が生まれてきます。

この女性のように、使命感に燃えて一生懸命になってがんばっている人には、必ず「感謝してくれる人」が現れるものです。

そのような「感謝してくれる人」を励みにして、満足のいく人生に向かうことができます。

「ガッカリした」を「満足した」に変えていく

◆雨で予定が中止になったから、ゆっくり本が読める

「思い通りにならずに、ガッカリした」という思いを、「いい一日だった。満足した」という喜びの感情に切り替えることができます。

そのために必要なのは、**与えられた条件の中で、みずから「満足できること」を探し出す意欲を持つ**ことです。

たとえば、友人たちと一緒に、山にハイキングに行く予定があったとしましょう。

川原でバーベキューをして楽しもう、という計画があったのです。

しかし、その当日、大雨になってハイキングが中止になってしまったのです。

外出もできず、一日中家の中に閉じこもっていなければならないことになりました。

楽しみにしていたことが中止になったのですから、もちろんガッカリです。

しかし、ちょっと考え方を変えれば、その「雨の日」を楽しむことも可能です。たとえば、

「雨が降って家にいることになったから、時間がなくて読めなかった本を思う存分に読める。そういう意味では、雨が降って良かった」

「雨が降って家にいる。自由にできる時間がたくさんある。この機会に、遠くに暮らしている友人に手紙を書こう。手紙を書く時間ができて良かった」

というように、ポジティブに考えを切り替えて、そしてそれを実践することができれば、「思い通りにならずに、ガッカリした」という思いも、「今日は、ゆっくり本を読めて、手紙を書けて、とてもいい一日だった。満足した」という思いに変わるのです。

このように「思い通りにならないこと」を、逆に利用して、「満足のいくこと」に変えていく工夫を、自分なりにしてみることが大切です。

プラスの言葉を使っていると、満足する

◆できるだけプラスの言葉を口にするよう心がける

人が普段、何気なく使っている「言葉」というものは、実は、その人の精神面にとても強い影響力を及ぼしています。

たとえば、ネガティブな言葉を口にしてしまうと、心に不満が溜まってしまいがちです。「残念」「ガッカリ」「不満だ」といった言葉です。

一方で、ポジティブな言葉を使うと、精神状態が良くなって、そこに豊かな満足感がうまれるのです。たとえば、

「うれしい」

「楽しい」

「よく、がんばった」
「満ち足りている」
「順調だ」
「調子がいい」
「めでたい」
「輝いている」
「ワクワクする」

といった言葉です。

従って、日常生活の中で、このようなポジティブな言葉をできるだけ数多く口にするように心がけるのがいいと思います。それだけでも、心が満ち足りてくるのです。

たとえ、お金があまりなくて、ぜいたくな生活はできなくても、プラスの言葉を口にしているだけで、心に満足感が広がっていきます。

「どうせ自分なんて」という考えは、意欲を奪う

◆悔しさをバネにして、一層がんばる

「どうせ自分なんて」という言い方があります。

これは、その人の心に一層不満を溜め込んでしまうような、ネガティブな意味を持った言葉ですから、なるべく使わないほうがいいでしょう。

たとえば、会社で重要なプロジェクトが始められることになりました。

ある男性社員は、「私もそのプロジェクトに参加して活躍したい」と考えていました。

しかし、彼は、そのプロジェクトの人選から外《はず》れてしまったのです。

それ以降、彼はすっかりふて腐《くさ》れてしまって、

「どうせ自分なんて、上司から期待されていないんだ」

「どうせ、いくらがんばっても、会社は自分のことを評価してくれないだろう」
「どうせ自分はダメ社員なんだ」
といった考えが、すっかり身についてしまったのです。

その結果、彼は、今担当している仕事にも意欲を失っている状態だと言います。

この事例のように、「どうせ自分なんて」という考えは、その人から意欲ややる気といったものを奪ってしまう可能性がありますから、注意が必要です。

参加したかったプロジェクトの人員に選ばれなかったことが、彼にとっては残念なことだったと思いますが、

「この悔しさをバネにして、今の仕事を一層がんばろう。そして、次のチャンスを楽しみに待とう」

といったようにポジティブに考え直せばいいのです。

そのほうが今後の「満足のいく人生」に向かって、着実に前進していけるのです。

「できない理由」を数えあげても仕方ない

◆「できる理由」について考える

ある大きなことにチャレンジしようという時に、「だから～できない」という思考法にはまってしまうタイプの人たちがいます。

「自分には経験がない。だから、チャレンジできない」

「資金が足りない。だから、成功は期待できない」

といったようにです。

このような「だから～できない」という思考法は、その人から意欲を奪い取ってしまうことになりがちです。

これまで誰も成し遂げたことがないような大きなことにチャレンジしようという時、

難しい障害がたくさんあることは初めからわかっていることです。

画期的なことにチャレンジしようという時、最初から思い通りの好条件がすべて整っていることなどまずないでしょう。

ですから、「できない理由」を数えあげていたら切りがないのです。

それにも関わらず、当初から「だから〜できない」という思考法にはまってしまったら、当然「満足のいく成果」をあげることもできないでしょう。

従って、**思い通りの条件が揃《そろ》わなくても、今ある条件の中で「できる理由」を意識していく**ほうが賢明です。

「やる気と、粘り強さだけは人一倍ある。だから、成功できる」

「心強い協力者がいる。だから、成し遂げられる」

といったようにです。

まず「できる理由」を考えることによって意欲が高まり、精神的にも行動的にもポジティブにチャレンジできます。そうすれば「満足のいく成果」を期待できます。

「なぜできない？」という問いの理由をごまかさない

◆「できない理由」で言い訳することをやめる

フランスのことわざに、**「できない理由は、常に百あり」**というものがあります。

これは、「できない理由は数えあげたら切りがない」ということを指摘しています。

このことわざには、次のようなエピソードがあるのです。

フランスに、ある王様がいました。

当時、フランスでは、王様が国の村々を訪れる時には、必ず祝砲《しゅくほう》を鳴らして出迎えることが決まっていました。

ところが、ある日、王様がある村を訪ねると、その村ではまったく祝砲が鳴りませんでした。王様は不思議に思って、村人《むらびと》たちにその理由を尋ねました。

すると、ある村人は、「子供が寝ている。祝砲を鳴らすと、子供が起きるから鳴らさなかった」と言いました。

また、別の村人は、「祝砲を鳴らすと、ニワトリやブタといった家畜《かちく》が驚いて騒ぎ出すから、鳴らさなかった」と答えました。

その他にも、村人によって異なった数多くの言い訳が出てきました。その言い訳の数は「百《ひゃく》」にも及びました。

しかし、後でわかったことなのですが、その村には大砲がなかったので祝砲を鳴らすことが出来なかったのです。

このことわざ、そして、このエピソードは、結局、できない理由をいくら数えあげても意味がないから、できない理由について考えるのはやめるほうが賢明だ、ということを指摘しているのです。

裏を返せば、「できる理由」を考えて、ポジティブに行動していくほうが、「満足のいく人生」につながる、という意味なのです。

「ない思考型」の人は不満を残し、「ある思考型」の人が満足する

◆「ある思考型」でポジティブに人生を築いていく

往々にして、「ない」ことのほうに意識を奪われがちな人がいます。このタイプの人を「ない思考型」の人と呼んでおきましょう。

一方で、「ある」ことのほうへ注目するタイプの人もいます。このタイプの人を「ある思考型」の人と呼んでおきます。

たとえば、コップに半分の水が入っていたとします。

とかく「ない思考型」の人は、「もう半分の水しかない」と考えます。

一方で、「ある思考型」の人は、**「まだ半分も水がある」**と考えることができます。

それと同じように、あるビジネスのチャンスがあったとします。

ただし、そのビジネスで成功できる確率は50パーセントです。

この時、「ない思考型」の人は、「成功できる確率は50パーセントしかないのか。リスクが大きすぎる」と考えてしまうでしょう。

そして、恐らくは、そのチャンスにチャレンジすることに尻ごみしてしまうのではないでしょうか。

一方で、「ある思考型」の人は違います。このタイプの人は、**「成功できる確率は50パーセントもあるのか。これは面白いことになりそうだ」**と、ポジティブに考えることができます。そして、そのチャンスに積極的にチャレンジしていきます。

満足のいく仕事をし、満足のいく人生を実現できるのは、「ある思考型」の人です。

このタイプの人は前向きに自分の仕事や人生を築きあげていき、その結果に大いに満足することができるのです。

この「ある思考型」に切り替えて生きていくほうが満足できる人生につながるのではないでしょうか。

第2章 80パーセント幸福主義で、満足する

「満足する心」を作り出すことが、幸福のコツになる

◆「満足する人」は、それだけで幸福である

古代ギリシャの哲学者に、アリストテレス（紀元前４世紀）がいます。

ソクラテスやプラトンと共に、古代ギリシャの三大哲学者のうちの一人と言われています。

また、アリストテレスは、「人間の本性とは、知を愛することにある」という考えから、哲学の研究のみならず、宇宙論から気象学、物理学など様々な分野での知識を深めました。

その意味で、西洋では、アリストテレスは、「万学《まんがく》の祖《そ》」とも言われています。

「万学の祖」とは、「あらゆる学問の元祖《がんそ》」という意味です。

このアリストテレスの言葉に、**「幸福とは、満足する人間に属する」**というものがあります。

わかりやすく言い換えれば、「『満足する』ということを知っている人間だけが、本当の意味で幸福に生きていける」ということです。

つまり、人生において、「満足する」ということが、いかに大切かということを指摘しているのです。

ここで言う「満足」とは、決して他人から与えられるものではなく、自分の心で作り出していくものです。

では、どうすれば、この「満足する心」を作り出していけるのかと言えば、その方法の一つに「80パーセント幸福主義」というものが挙げられます。

欲張りすぎるのではなく、自分の望みの80パーセントが叶えられたなら、それに「満足する」ということです。それが「幸福に生きる」ことにつながります。

「80パーセント幸福主義」で生きていく

◆あまりに多くのことを望むと、欲求不満が溜まる

人生は何でもそうですが、１００パーセント自分の願い通りに思いが叶《かな》うということはありません。

仕事でも、恋愛でも、人間関係でも、そうだと思います。

それにも関わらず、「すべてを自分の思う通りにしたい。１００パーセントでなければ嫌だ」という思いを強く持って生きていったら、どうなってしまうでしょうか。

その人は、きっと、いつも欲求不満を抱えながら生きていかなければならなくなると思います。

きっと、不満ばかりを口にしながら暮らしていくことになるでしょう。

そういう生き方は決して、その人にとって幸福なものではないと思います。

従って、人生は、あまり多くのことを望まず、**自分の願いが80パーセント叶ったとしたら、「十分に満足だ。私は幸せだ」と考えていくようにする**のが良いのです。

この「80パーセント幸福主義」が、平穏で、満足のいく一生を送っていくための大切なコツなのです。

願いごとが、全力を出しても１００パーセント達成できないとき、80パーセントうまくいけば「これで満足だ」と満足するようにします。人間関係にしても、あまりに高い理想を追い求めるのではなく、「こういう関係でいたい」という願いが80パーセント叶えば、「私は幸せだ」と喜ぶようにするのです。

そうすれば、欲求不満を抱えながら生きることもなくなります。不満ばかり言っている生活からも逃れられるでしょう。

この「80パーセント幸福主義」で、明るい気持ちで生きていけます。周りの人たちとも仲良く暮らしていけるようになります。

わずかなものに満足する「快楽主義」で生きる

◆欲張りになると、何ものにも満足できなくなる

人間の欲には切りがありません。

欲をかけばかくほど、さらに多くのもの、さらに一層大きなものが欲しくなってなっていきます。

そのために、いつまで経っても「満足する」ということができないのです。

古代ギリシャの哲学者に、エピクロス（紀元前4～3世紀）という人物がいます。

このエピクロスは、「快楽主義」という哲学を提唱しました。

この「快楽主義」というのは、「人間が生きる目的は、『快《こころよ》く生きる』ということにある」という考え方を表す哲学です。

快く、楽しく、明るく、愉《ゆ》快《かい》に生きてこそ、その人の人生は価値あるものになる、ということです。

では、どのようにすれば愉快に生きていけるのかと言えば、その方法の一つとして、エピクロスは、「欲張らないこと」ということを指摘しています。

「わずかなもので満足できない者は、何ものにも満足できない」

これは、エピクロスの言葉です。

この言葉にある「わずかなもので満足できない」とは、つまり、「欲張りになること」を意味しています。

人は、欲をかきすぎると、「何ものにも満足できない」というのです。

言い換えれば、欲求不満に苦しみながら生きることになるのです。

従って、「わずかなものでも満足する」という心の習慣を持つことが大切です。

「わずかなものでも満足する」とは、別の言葉で言えば、「80パーセント幸福主義」と言ってもいいでしょう。それが「快適に生きるコツ」なのです。

「心の持ち方」次第で、その人の幸福度が決まる

◆「満足する」ことを、心の習慣にする

スイスの哲学者に、アンリ・フレデリック・アミエル（19世紀）という人物がいました。

『アミエルの日記』という本が日本語に翻訳されていて、多くの人たちに読まれています。

彼は、「心の持ち方」ということを、とても重要視した哲学者でした。

その人が幸福になれるか、あるいは不幸になってしまうかは、その人の「心の持ち方」次第であると考えていました。

そして、心の持ち方を変えることで、その人の人生や運命が変わっていく、と考え

たのです。

そして、アミエルは、**「幸福の真の名前は『満足』である」**と述べました。

この言葉は、「満足する」ということを心がけていくことが、幸福に生きていくためのもっとも重要な基本である、ということを言い表しています。

予定していたことが１００パーセント実行できなかったとしても、その結果に「満足する」ということです。

今、必ずしも、十分な収入がなくても、その暮らしに「満足する」のです。

希望していた職種に就《つ》けない状況にあるとしても、収入を得られる仕事があるのであれば、その状況に「満足する」のです。

そのようにして、現在自分が置かれている「満足する」という「心の持ち方」を習慣づけることによって、その人は幸福感に満ちた人生を送っていくことができます。

言い換えれば、「不満を持つこと」は、その人の人生を不幸なものにします。

「満足する」ことが、その人の成果になり成功になる

◆満足することで、精神的な意味で、報われる

イギリスの劇作家に、ウィリアム・シェイクスピア（16～17世紀）がいます。『ロミオとジュリエット』や『リア王』などの作品で、日本でも有名です。

このシェイクスピアの言葉に、**「心に満足を得る者は、すでにもう十分報《むく》われている」**というものがあります。

この言葉にある「報われる」という言葉には、「努力してきたこと、苦労してきたことに十分に見合うだけの成果や成功が獲得できる」ということを表しています。

ここで注意するべきことは、「成果」や「成功」という言葉が意味している内容です。

たとえば、「成果」とは、必ずしも「収入を何倍にもアップする」ということを意味

しているのではありません。

「成功」とは、必ずしも、「有名になって、たくさんの人たちから羨《うらや》ましく思われる」ということではありません。

むしろ、収入を何倍にもアップすることがなくても、世間的に有名になることがなくても、その人は今の自分の生活に満足することができれば、その「満足する」ということ自体が、その人にとって、精神的な意味で「成果であり、成功である」ということを意味しているのです。

言い換えれば、いくら収入が増えても、世間的に有名になったとしても、その人が満足することができなければ、その人は何の「成果」も「成功」もまだ得てはいない、ということなのです。

ですから、何よりも「満足する」ということが大切なのです。

ちょっと哲学的な説明になりましたが、シェイクスピアは、この言葉で、そのような「満足して生きていくことの大切さ」を指摘していると思います。

自然が与えてくれるもの以上のものを求めない

◆自然の法則に従って、ありのままで生きる

古代中国の思想家に老子（紀元前7～6）という人物がいます。

儒教の創始者である孔子や、仏教の創始者であるブッダ、あるいはキリスト教のイエス・キリストよりも古い時代に活躍した思想家です。

この老子の思想の特徴は、わかりやすく要約すれば、「自然の摂理に従って生きることが、人間にとってはもっとも幸せだ」ということだと思います。

この老子の有名な言葉の一つに、**「足《た》るを知る者は富《と》む」**というものがあります。

この言葉にある「足るを知る」とは、「満足する」ということです。

そして、「富む」とは、「精神的に豊かになれる」「満ち足りた気持ちで人生を生きて

いける」ということを意味しています。

つまり、「日頃から『満足する』ということを心がけていけば、精神的に豊かになれる」ということを指摘しているのです。

この言葉をわかりやすく翻訳すれば、「今あるモノや環境に満足する」ということを言い表しているように思います。

つまり、あまり欲張るのではなく、自然が自分に与えてくれるものに満足して生きていくのです。

自然が自分に与えてくれるものを求めて、無理なことをしないほうが賢明なのです。

そのようにして、あるがままのものを受け入れて、それに満足して生きていくようにします。それが、その人にとって、もっとも幸福な生き方になるのです。

そんな自然の法則に逆らって、欲張りすぎたり、無理なことをすれば、かえって欲求不満が溜まっていくと思います。

「満足」という言葉は「謙虚に生きること」を教えている

◆謙虚な気持ちで、それ以上のことを望まない

「満足」という言葉は、「満」と「足」という字がつながって出来ています。

「満」とは、「満たされる」ということを意味しています。

自分が望んでいることが満たされ、また、心が幸福感に満たされる、ということです。

一方で、「足」には、「足りる」ということを意味しています。

これには、「これでもう十分です。もうこれ以上のことは望みません」という意味が示されています。

この「満」と「足」がつながって「満足」という言葉が成り立っているということ

は、言い換えれば、**「自分が望んでいることが満たされたならば、もうこれで十分だと考え、それ以上のものを欲張ってほしがらない」**ということを説いている言葉だと思います。

さらに言えば、この「満足」という言葉は、そのような「謙虚な気持ちを持って生きていくことが大切だ」ということを教えているのです。

そういう意味で言えば、この「満足」という言葉自体に、実は、「80パーセント幸福主義」という生き方の哲学が暗示されているようにも思います。

「満足」という言葉の反対の意味を持つ言葉は、「不満」です。

そして、「不満」という言葉は、「欲張り」という意味につながります。

満足できず、不満を溜め込んでしまうために、「もっともっと、ほしい」という欲に取りつかれてしまうのです。そんな欲のとりこになった人は、幸せな人生を歩《あゆ》んでいけるとは思えません。

謙虚さを忘れずに、「80パーセントで満足する」ということを心がけてこそ、心が真の幸福感に満たされていくのです。

他人に対して、あまり多くのことを期待しない

◆他人に対しても、「80パーセント幸福主義」でつきあっていく

他人に対して、あまりに多くのことを望まないほうが、幸せに生きていけます。

というのも、他人というものが、自分の願いを100パーセント叶えてくれること
など、まずないからです。

このことを理解できない人は、いつも、他人の悪口ばかり言っています。

「あの人は、私のために一生懸命になって尽くしてくれない」

「私が頼んだことを、あの人は十分にやってくれない」

「あの人は、自分のことばかり優先している」といったようにです。

そして、いつも他人のためにイライラした気持ちで暮らしているのです。

また、他人の悪口ばかり言っているために、周りの人たちとの関係もギクシャクしていきます。

これは、その当人にとって、とても不幸なことだと思います。

もちろん誰にでも、「人に期待する」という気持ちはあると思います。

「あの人が、自分の夢を叶えるために協力してくれるはずだ」という期待感があるのです。

しかし、他人に１００パーセントのことを期待しないほうがいいでしょう。

１００パーセントのことを期待すれば、結局は、欲求不満に陥ってしまうことになる場合が多いからです。

従って、他人についても、自分が期待することの８０パーセントのことをしてくれた時には、「これで十分だ」と満足するように心がけていくほうがいいと思います。

それが、自分自身が安らかに生きていくために大切ですし、また、周りの人とも円満につきあっていくためのコツです。

「ありがとう」の言葉が、満ち足りた感情を生み出す

◆お礼を言う必要を感じない時であっても、「ありがとう」と言う

「80パーセント幸福主義」で、安らかに生きていくためのコツに、日常生活の中で「ありがとう」という言葉を言う回数を増やす、ということが挙げられます。

食事を作ってくれる母親には、「今日もおいしかったよ。ありがとう」と、お礼を言います。

母親が食事を作るのは当たり前だとばかりに、何も言わないまま済ませてしまうのは良くありません。

職場で、頼んでいた書類を部下がまとめて持ってきた時には、「ありがとう。ご苦労様」と言ってあげます。

一言もお礼を言わないまま、「そこに置いておいて」で済まさないほうがいいでしょう。

友人から、「君が好きそうな本があったから、買ってきてあげたよ」と、本をプレゼントされた時も、「面白そうな本だね。いつも私のことを気にかけてくれて、ありがとう」と感謝するのです。

そこで、「そんな本、興味ないよ」などと冷淡なことは言わないほうがいいのです。

そのようにして**「ありがとう」という言葉をたくさん使うように心がけていく**のです。

そうすると、「ありがとう」という言葉を口にしただけで、心の中に満ち足りた感情が広がっていくようになります。

ですから、人から何かしてもらった時はもちろん、あまりお礼を言う必要を感じない時であっても、「ありがとう」という感謝の言葉を述べるほうがいいのです。

「ありがとう」という言葉を口にするだけで、大きな満足感が生まれます。

大金が手に入って、不幸になってしまう人もいる

◆「もっともっと」と、欲をかかない

ロシアの昔話に、次のようなものがあります。

ある金持ちの家の隣に、ある貧乏人が引っ越してきました。

金持ちは偉い役人でした。

一方、貧乏人は、靴屋でした。

その貧乏人は働き者で、朝早い時間から靴の修理のために木づちで靴を叩き始めるのです。

すると、そのトントンという音がうるさくて、金持ちはゆっくり眠れなくなってしまいました。

朝は、ゆっくり眠っていたい金持ちは、その貧乏人に大金を渡して、どこか別の土地に引っ越してくれるように頼みました。

引越し費用よりもずっと大金を得た貧乏人は、その後、不眠症になってしまいました。

大金を得たのはいいのですが、いつ泥棒が入って盗まれてしまうか心配で、夜眠れなくなってしまったのです。

この昔話は、

「お金持ちになることは必ずしも、その人にとって幸福になるとは限らない」

ということを示しています。

実際に、大金を得たばかりに色々な心配事が増えてしまって、かえって不幸になってしまうこともあるのです。

従って、悩んでしまうくらいなら、「もっともっとお金がほしい」とあまり欲張りになるのではなく、ある程度満足するだけの収入があればいいと思います。

満足のいく生活のためのお金は必要だが、大金は必要ない

◆「平和で満足のいく生活」に必要なお金はいくらか、考えてみる

中国の格言に、**「恒産《こうさん》なくして、恒心《こうしん》なし」**というものがあります。これは、古代中国の思想家である孟子《もうし》（紀元前4～3世紀）が述べた言葉です。

孟子は、孔子と並んで、儒教の中では重要な思想家と言われています。

この言葉にある「恒産」とは、「一定の収入」のことです。

また、「恒心」には、「安定した精神状態」という意味があります。

つまり、「月々決まって入ってくるような一定の収入がないと、気持ちを安定させて人間らしい生活を送っていくことはできない」と指摘しているのです。

確かに、「お金」というものは、人生の必需品です。

お金がなければ、人間らしい生活を営《いとな》んでいくことはできないでしょう。

自分の人生に「満足する」ということも不可能でしょう。

お金がなければ、人並みの生活はできず、気持ちも荒《すさ》んでいくばかりです。

そういう意味で、生活していくために必要なお金はちゃんと確保していくことも、幸せに生きていくためには大切なことです。

しかし、一方で、「恒産」、つまり「一定の収入」とは、「大金」を意味しているのではありません。

それは、平和で満足のいく生活を送っていくために必要なお金を意味しています。

従って、「恒産」という言葉には、**「満足のいく生活を送っていくためお金は大切だが、欲張って大金を望むことはない」**という意味も含まれているのです。

あまり欲張りすぎず、ある程度の収入に満足していくことで、幸せな生活を続けていけるということです。

第3章
楽天思考で「満足感」を生み出す

楽天思考で、ポジティブな方向に発想の転換をする

◆お金がない時は、「無駄遣いせずに済んで良かった」と考える

不満に思うこと、腹が立つこと、イライラすること…そんなネガティブな出来事も、ちょっと発想を転換してみることで、そこに「満足感」を生み出すこともできます。

そのポイントになるのが、**「楽天思考」**です。

楽天思考は、ネガティブな出来事を、またたく間に、幸せな出来事に換えてしまう魔法の発想法なのです。

満ち足りた気持ちで幸せに生きていくために、ぜひ、この楽天思考を身につけてほしいと思います。

たとえば、欲しい家電製品があったとします。

最近流行している家電製品です。

友人たちもみんな持っているので、ぜひ自分も欲しいと思います。

しかし、残念ながら、お小遣いが足りなくて、その家電製品を買うことができないのです。

そのような出来事があれば、もちろん不満も溜まるでしょう。

しかし、そこで楽天的に、次のように考えてみるのです。

「**お小遣いが足りなくて、欲しいものを買えなかったのは、実は、良かったことだった。**なぜなら、無駄遣いしないで済んだからだ。もし買うことができたとしても、まったく有効活用できないまま放り出してしまうことになってしまったかもしれない」

このように楽天思考をすることで、いつまでも不満を引きずることはありません。

むしろ、「無駄遣いせずに済んで良かった」ということに満足感すら感じられるようになるのです。

不満と満足とは、同じ硬貨の表と裏の関係である

◆海外へ行けないからこそ、家族と団らんができる

「収入が少ないから、思うように海外旅行に行けない。大いに不満だ」と言う人がいます。

しかし、いくら不満をまくし立てたとしても、それで収入が増えるわけではありません。思うように海外に行けることもないでしょう。

ならば、現在の収入に満足して生きていくほうが得策です。

満足するほうが心穏《おだ》やかに暮らしていけるからです。

では、どうすれば「収入が少ない」という不満を、満足感に換えることができるのかと言えば、ここでも「楽天思考」が役立ちます。

楽天的に発想を転換して、次のように考えてみるのです。

「思うように海外旅行に行くことができないことは、実は、自分にとっては良かった。おかげで、日本にいて好きなことができる。趣味もできるし、静かに読書もできる。また、家族と楽しく団らんする時間も増えるので、家族で仲良く暮らしていくこともできる」

「海外旅行ばかりしていたら、体を壊して病気になっていたかもしれない。収入が少なくて家でゆっくり静養していられるから、おかげで健康でいられる。そういう意味では、収入が少なくて良かった」といったように楽天的に考えてみるのです。

そうすれば、「収入が少ない」ということが、とても「得をしたこと」のように思えてくるから不思議です。

不満と満足とは、同じ硬貨の表と裏のような関係です。楽天思考で、その硬貨をひっくり返してみれば、裏だった効果が表になるように、不満が満足へと逆転するのです。

心の中に「美しい花」を見つけ出して生きていく

◆希望という「美しい花」を心に咲かせる

フランスの画家に、アンリ・マティス（19～20世紀）がいます。

美しい色彩の人物画や風景画を数多く描き、現代美術ではピカソと並んで有名な画家です。

このアンリ・マティスは、「**自分の中に見たいという気持ちさえあれば、どこにいても、どんな状態であっても、いつも美しい花を見ることができる**」と述べました。

この言葉にある「美しい花」とは何かという問題は、読む人によって色々と解釈ができると思いますが、ここでは「希望」という意味で理解していると思います。

アンリ・マティスは、つまり、「どこにいても、どんな状態であっても」、人はその気持ちさえあれば、自分の心の中に希望を見つけ出すことができる、ということを指摘しているのです。

たとえば、どのような地域で暮らしているとしても、あるいは、会社でどのような部署にいるとしても、その気になれば希望を見つけ出すことができます。

そして、今、厳しい状況や、苦しい状態にある時でも、自分でその気になれば、希望を見つけ出すことができるのです。

言い換えれば、いつも心の中に、そのような「美しい花」、つまり、希望を持って生きていくことが、幸せのコツなのです。

そして、それが、満足できる人生にもつながります。

人によっては、色々な経験をするうちに、希望を失ってしまいそうになっている人もいるかもしれません。

しかし、見つけ出そうと思えば、心の中に希望を見つけ出すのは可能なのです。

バラのトゲではなく、花だけ見るように意識する

◆楽天的な人は、バラの花だけを見ている

現在のトルコで生まれ、主にアメリカで活躍した詩人に、カリール・ジブラーン（19～20世紀）がいます。

彼は、「**楽天的な人は、バラの花を見て、トゲは見ない。悲観的な人は、トゲばかりじっと見ていて、そこに美しいバラの花が咲いているのを見逃してしまう**（意訳）」と述べました。

この言葉にある「バラ」とは、「人の身の上に起こること」の比喩《ひゆ》です。

また、「バラの花」とは、「その出来事のポジティブな面」を表しています。

一方で、「トゲ」とは、「その出来事のネガティブな面」を指しています。

つまり、「楽天的な人」というのは、バラの花を見て、トゲは見ないようにして、出来事のポジティブな面を見て、ネガティブな面に意識を向けないようにします。

一方で、「悲観的な人」というのは、トゲばかりじっと見ていて、そこに美しいバラの花が咲いているのを見逃してしまい、自分の身に起こった出来事のネガティブな面ばかりに意識を奪われて、そこにはポジティブな面もあることに気づかないことが多いのです。

言い換えれば、カリール・ジブラーンは、この言葉で、「物事に対しては、楽天的に、そのポジティブな面に意識を向けていくことが大切だ」ということを指摘しているのです。

ネガティブな面ばかりに意識を奪われていると、雪だるま式に不満が大きくなっていくばかりです。

ポジティブな面を見ることで、そこに「満足する気持ち」が生まれます。

その結果、どのような出来事であれ、肯定的に受け止めることができるのです。

楽天的な発想で、感謝してみるのがいい

◆何であれ感謝することで、人間関係はうまくいく

人からもらったものは、何であれ「ありがたく思う」「感謝する」ということが人間関係のエチケットです。

そこで、「こんなもの欲しくなかった」などと不満を洩《も》らさないことです。

相手とすれば善意でプレゼントしてくれたものです。それにもかかわらず不満を口にしたら、その人間関係がギクシャクしてしまうと思います。

人からもらったものは何であれ「感謝する」ということが、人間関係をうまくやっていくためのコツです。

また、自分自身としても、「感謝する」ほうが、心に幸せな満足感を生み出せます。

人間関係がギクシャクすることによって思い悩むよりも、幸せな満足感に満ちて暮らしていくほうがいいと思います。

ある女性には、次のような経験があると言います。

彼女は、友人の結婚式に招待され、引き出物として調理器具セットをもらいました。

しかし、彼女は当初、「私は料理なんてしないのに、調理器具セットなんてもらっても邪魔《じゃま》になるだけだ」と不満を持ちました。

しかし、すぐに、「調理器具セットをもらったことが、本格的に料理を始める良いきっかけになるだろう。おかげで料理にチャレンジしたいという意欲がわいてきた」と考え直し、そんな良いきっかけをくれた友人に感謝しました。

このようにポジティブに考え直すことによって、彼女の心には幸せな満足感が広がっていきました。

もちろん、彼女は、その友人と、今でもいい関係を保っています。

このように楽天思考をすることで、不満が満足へと変わっていくのです。

「おかげで」と考え直すことによって、満足感が広がる

◆叱られた時は、「おかげで気合いが入った」と考え直す

「不満だ」というネガティブな感情を、「満足です」というポジティブな気持ちへと上手に転換するコツに、**「『おかげで』と考えてみる」**というものがあります。

たとえば、上司から叱られたとします。

そんな時、普通であれば、

「上司は、なぜ私の気持ちをわかってくれないんだ」

「これまでの私の努力を認めてくれないなんて、ひどい」

「こちらの話をよく聞かずに、一方的に叱るなんて」

などと、様々な不満が生まれてきます。

そして、その不満が心の底に溜まっていって、仕事への意欲を失ってしまうことにもなるかもしれません。

しかし、ここで、次のように考え直してみるのです。

「上司から叱られたおかげで、自分の欠点が理解できた。この欠点を克服するようにすれば、私は飛躍的に成長できるだろう」

「叱られたおかげで、気合いが入った。これまでよりも一層仕事に力を入れて、がんばっていこう」

「叱られたおかげで、いい勉強になった。この機会に勉強したことをベースにして、次はいい仕事ができるように思う」

このように「おかげで」と楽天の発想をすることで、たとえ上司から叱られたとして、無用な不満を溜め込むことがなくなるのです。

むしろ、叱られたことに感謝し、満足する気持ちが生まれてきます。

そのことは、結局、自分自身にとっても良いことなのです。

「狭い家」だから「掃除が行き届いていい」と考えてみる

◆「そこで暮らすことの幸福」を見つけ出す

「狭いながらも、楽しい我が家」という言葉があります。

これは、「貧乏で家は狭いけれども、家族と楽しく暮らしているから満足だ」という意味を表しています。

もともとはアメリカの『わたしの青空』というポピュラーソングの歌詞の一部でした。

それを日本語訳して、コメディアンの榎本健一《えのもとけんいち》が歌って大流行しました。

今でも、「家の狭さ」に不満を持っている人もいるかもしれません。

本当は広い家に住みたくても、様々な事情から、狭い家にしか住むことができないのかもしれません。

そのために、「こんな狭苦しい家に暮らすのは嫌だ」と、不満を膨《ふく》らませているのではないのでしょうか。

しかし、ちょっと発想を換えてみるだけで、そんな「狭い家」に満足して住み続けることも可能です。たとえば、

「家が狭いおかげで、掃除が簡単だ」

「家が狭いから、家族とコミュニケーションがよくとれる」

「家が狭いおかげで、要らない物を買わなくて済む」

このように楽天思考をすることで、

「狭い家に暮らすことも、なかなか良いものだ。楽しいものだ」

という満足感が生まれるのです。

狭い家だからこそ得られる幸福を見つけ出すことが大切です。

期待を裏切られた経験を「話のネタ」にする

◆どんな経験も「笑い話」にして満足する

「食べ歩きが趣味だ」という人がいます。

美味しいという評判の店に出かけて行って、料理や店内の写真を撮り、その写真をブログやツイッターなどに掲載して楽しんでいる人もいます。

中には、そんな食べ歩きのお店紹介や、料理紹介のブログが評判になって、出版社から本として出版されるというケースもあるようです。

そんな食べ歩きが趣味だという男性がいます。

彼が話すには、時に、「この店の料理は、あまり美味しくない」と感じることもあると言います。

楽しみにして、せっかく訪ねて行ったお店の料理が「あまり美味しくない」というのは、もちろん彼にとっては残念なことです。ガッカリもしますし、不満も感じます。

しかし、そこで彼は楽天思考をするようにしているのです。

「あのお店の料理が『あまり美味しくなかった』ということも、誰か友人に会った時の話のネタになる。笑い話にもできるだろう。**ある意味、いい話題ができたのだから、良かったではないか**」

このように考え直すことで、不満はスーと消えていくのです。

そして、「いい話題ができた」ということに、満足感すらおぼえることができるというのです。

人生では、「期待が裏切られる」ということがよくあるものです。

そんな経験をした時に、大きな不満を感じて苦しむこともあるでしょう。

しかし、この事例の男性のように、そんな経験を楽天思考によって「話のネタ」「笑い話」にすることもできるのです。

「人に裏切られる経験」を乗り越えていく考え方がある

◆裏切る人がいれば、かばってくれる人もいる

「仲のいい人から裏切られる」という経験がある人がいるかもしれません。

そのような経験をすれば、もちろん、悲しい思いになるでしょうし、その後ずっと思い悩むことにもなると思います。

自分を裏切った相手への不満も募《つの》っていくでしょう。

しかし、そんな悲しい思いをいつまでも引きずり、不満を募らせていってしまうことは、その人の今後の人生にとって良いことではないと思います。

従って、たとえ**「裏切られる」というような辛い経験をしたとしても、上手に気持ちを切り替えていく**ほうが賢明だと思います。

ある女子大に通う女性がいます。仮に、優子さんとしておきます。

優子さんも、「仲のいい友人から裏切られる」という経験があったのです。

優子さんには、良子さんという親友がいました。しかし、ある時、良子さんが優子さんの陰口を言っているということがわかりました。良子さんは、優子さんがいないところで彼女の悪口を言っていたのです。そのことを知って、優子さんはまさに裏切られたように思いました。

しかし、一方で、そんな良子さんに対して、由美子さんという、もう一人の親友が「優子さんは、そんな人ではない」と、かばってくれていたこともわかりました。

優子さんは、その話を聞いた時、「自分にとって本当に大切な友人は誰かがわかった」と思いました。

優子さんは、良子さんが自分の悪口を言っていた事実にはショックだったのですが、一方で、自分をかばってくれた由美子さんという友人もいたことに不思議な満足感を得られました。

優子さんは、そのことによって精神的なショックを乗り越えられたと言います。

人間関係の「ポジティブな面」に意識を向ける

◆「自分の悪口を言う人」にとらわれない

人間関係というものは複雑なものです。

普段親しくつき合っていても、裏で自分の悪口を言っている人もいます。

一方で、自分の味方に立って、自分をかばってくれる人もいます。

学校や職場で、そのような経験をして「確かに、そうだ」と思う人もいるのではないでしょうか。

このような経験をした時は、人は往々にして、「自分の悪口を言う人」ばかりに意識を奪われてしまいがちです。

そして、腹を立てたり、不満を爆発させてしまうのです。

しかし、ここで大切なのは、そうではなくて、**「自分の味方になってくれる人」に意識を向ける**ことなのです。

つまり、ネガティブな面に意識を奪われるのではなく、ポジティブな面を意識する、ということです。

「自分の味方になってくれる人がいた」という事実を知ることは「ポジティブな面」であり、「自分の悪口を言う人がいる」という事実よりもずっと重要な意味を持っているのです。

また、「自分の味方になってくれる人がいた」ということを知ることで、温かい満足感が生まれて、「自分の悪口を言う人」に負けることなく、勇気を持って前向きに生きていこうという意欲も生まれてくるのです。

繰り返し指摘しておきたいと思いますが、人の周りで起こるあらゆる出来事には「ネガティブな面」があれば、一方では「ポジティブな面」もあります。

その「ポジティブな面」を強く意識することが大切なのです。

幸せな人から「幸せを引き寄せる力」をもらう

◆「幸福を引き寄せるパワー」をもらえば、自分も幸せになれる

ある三十歳の女性は、「結婚したい」という気持ちがあるのですが、なかなか良い相手が見つかりません。

そのような状況で、彼女の友人の一人に、結婚が決まった人がいたのです。その女性も、彼女と同じ三十歳でした。

その友人は、ある日、彼女の前で、結婚する相手のことを散々ノロケたのです。

「私の彼は、とってもやさしくて、カッコ良くて、仕事もできて、私のことを大切にしてくれる。彼と結婚することになって、本当に幸せだ」といった具合です。

そんなノロケ話を聞いていて、彼女は嫌になってきました。

その友人のことが羨《うらや》ましく、結婚できない自分のことがミジメに思えてきてしまったのです。

結婚できない自分の運命への不満も溜まってきました。

しかし、そこで彼女は、次のように楽天思考をしました。

「結婚の決まった友人は、今、強力な『幸福を引き寄せるパワー』を持っている。こうやってノロケを聞いているうちに、きっと、**彼女の持っている『幸福を引き寄せるパワー』が私にのり移ってくる**だろう。そうすれば、私にも、きっといいことがあるだろう」と。

すると、嫌な気持ちが吹き飛んで、友人のノロケ話を聞きながら、自分自身が元気になっていくことを感じました。

そして、実際に、その友人から「幸福を引き寄せるパワー」をもらえたのか、彼女にはじきに良い恋人ができ、そして、その彼からプロポーズを受けました。

今、彼女は自分の運命を不満に思うどころか、自分の運命に満足しているのです。

幸せな人から「幸せパワー」をおすそ分けしてもらう

◆幸せな人に嫉妬しても、自分は幸せになれない

幸せそうにしている人を見て、強い嫉妬心にとらわれてしまう人がいます。

「私は不幸なことばかりに見舞われているのに、なぜあの人は幸せそうなんだ」

「あの人は称賛されているのに、私は非難ばかりされている」

「あの人はいいことに恵まれているのに、私には不幸なことばかりが起こる」

といった具合です。

そして、うまくいっている人に嫉妬するあまり、その人の足を引っ張ろうとしたり、悪口を言いふらしたりする人もいます。

しかし、嫉妬心からそのような意地悪なことをするのは、決して良いことではあり

ません。

嫉妬する相手の足をいくら引っ張っても、自分の心は満足することはありません。

むしろ、一層苦しい思いを引きずってしまうことになるのです。

従って、身近なところに自分よりも幸せそうにしている人がいた時には、無暗に嫉妬するのではなく、むしろ次のように考えるほうが賢明です。

「幸せそうな人と一緒にいると、自分自身も幸せな気持ちになれるから、うれしい」

「幸せそうな人から『幸せを引き寄せるパワー』をもらおう。そうすれば私も幸せになれる」

「幸せな人から『幸せになる方法』をたくさん学ぶことができる。だから、身近なところに幸せな人がいることは、自分にとっても良いことだ」

このように楽天的に考えることで、実際に幸せにしている人から「幸せ」のおすそ分けをしてもらうことができます。

つまり、幸せな人の「幸せパワー」をもらって、自分も幸せになれるのです。

そして、それが「満足する人生」につながります。

第4章
どんな判断も行動も正しかったと考える

過去の判断や行動を否定的に考えない

◆「最善のことをした」と考えてみる

人が生きていく中で、「後悔する」ということほど、その人から生きる活力を奪ってしまうものはありません。

また、「後悔する」ということほど、その人から生きる自信を奪い去ってしまうものはないように思います。

そういう意味から言えば、「後悔しない」と決めて生きていくほうが賢明です。

しかし、そうは言っても、「過去のことを後悔する気持ちを、いつまでも引きずってしまう」という人も多くいます。

後悔を引きずってしまう人は、恐らく、過去に自分がした判断や行動を否定的に考えてしまっているのでしょう。

「どうしてあの時、間違った判断をしてしまったのか」「あんな誤った行動をしていなかったら、こんな悪い状況にはなっていなかった」といったようにです。

しかし、そのようにして過去に自分がした判断や行動を否定的に考えている限り、いつまでも後悔という感情を捨て去ることはできないでしょう。

もし後悔という感情を断ち切りたいのであれば、過去の判断や行動を否定的に考えるのではなく、肯定的に考え直すことが大切です。つまり、

「あの時、私は、最善の判断をした」

「あの行動が、最善のものだった。それ以外の判断はできなかった」

といったようにです。

そのように肯定的に考え直すことで、前に向かって生きていく活力を取り戻せます。自分自身への自信も戻ってくるのです。

そして、どんなことがあっても、自分自身の存在と、自分自身の運命に満足し、前向きにこれからの人生を切り開いていけるのです。

決して後悔しない人は、宮本武蔵のようになれる

◆後悔していたら、人生に勝ち続けることはできない

戦国時代から江戸時代初期にかけて活躍した剣豪に、宮本武蔵《みやもとむさし》（16〜17世紀）がいます。

日本でもっとも強かった武芸者と言われています。

実際に、巌流島《がんりゅうじま》で佐々木小次郎と闘って勝つまで、武蔵は六十を超える決闘をしてきましたが、一度も負けたことはなかったと言います。

ところで、この武蔵は、**「我事《われこと》において後悔せず」**と述べました。

この言葉は、「自分は、自分がした判断や行動について、後悔したことなどなかった」ということを意味しています。

では、なぜ武蔵が自分の生き方に後悔することがなかったかと言えば、それは最初から「どんな事態になっても、後悔しない」と武蔵が決めていたからです。

武蔵も人間ですから、時に失敗したり、窮地に追い込まれることもあったでしょう。しかし、どのような状況になっても、「私は最善の判断をした。やるべきことは、やった」と考え、決して後悔はしなかったのです。

自分がしたことをいちいち後悔していたら、次の決闘に向けて勇気を持って立ち向かっていけなかったでしょう。

そうなれば、武蔵は「負けなしの人生」を実現することができなかったと思います。後悔することがなかったからこそ、活力と勇気を持って次の決闘へ向かっていけたのです。

武蔵は、きっと、自分の人生に満足して死んでいったと思います。

そして、なぜ満足のいく人生を実現できたのかと言えば、その理由はどんなことにも「後悔しない」ということにあったと思います。

自分の過去の判断や行動を否定的に考えない

◆自分の過去の判断や行動を「最善だった」と肯定する

人の中には、「間違ったことをした」と後悔する人がいます。

「間違ったことをしてしまったために、人生が悪い方向に行った」と、後悔の念をいつまでも引きずってしまうのです。

しかし、過去にしてしまったことを、いつまでも後悔していても、人生を良い方向へと逆転させることはできません。

では、どうすれば自分を良い方向へと逆転させることができるかと言えば、「どうして、間違った判断をしてしまったのだろうか」と後悔することをやめることです。

そして、**「私は、あの時、最善の判断をしたんだ」と考え直す**ことです。

後悔は、その人の心から「意欲」や「勇気」や「自信」を奪っていきます。

「私は最善の判断をした。それ以外の判断はできなかった」と考え直すことで、その失いかけた「意欲」や「勇気」や「自信」をふたたび取り戻すことができるのです。

次のような事例があります。

ある男性は、会社で、あるプロジェクトに取り組んでいましたが、それが失敗して、結局は、その会社を辞めざるを得なくなりました。

当初は、「私の判断は間違っていたのだろうか」と後悔してばかりいたと言います。

しかし、ある時から、「私は最善の判断をし、やれるべきことはすべてやったんだ」と考え直すようにしました。

その結果、「会社を辞めたのをきっかけに、自分で事業を立ち上げる大きなチャンスを得ることができる」と考えられるようになりました。

彼は自信を取り戻し、勇気を持って自分の会社を興し、そして意欲的に仕事に取り組み、今では成功し、満足のいく人生を送っています。

自分の過去の判断や行動を否定せず、肯定的に考えると前向きになれるのです。

「人生の回り道」をすることがあっても、後悔しない

◆どんな経験も、今の人生に役立っている

ある男性の家は、代々開業医を営んでいました。

彼の父親も、彼には医学部に進学して、ゆくゆくは医者になることを望んでいました。

しかし、彼は、そんな父親に反抗して、大学では文学部に進みました。

彼には、「小説家になりたい」という夢があったのです。

しかし、文学部での四年間の生活の中で、「自分には小説家になる才能はない」ということを悟りました。

そして、勉強をし直して医学部に入り直し、そして医師になって活躍しました。

この彼は、一時期小説家になりたいという希望を持ち、そして文学部に進学したことを後悔はしていません。

確かに、人生の回り道だったかもしれませんが、文学の勉強を熱心にしていた時期を時間の無駄とは考えていないのです。

というのも、彼には、「色々な本を読み、文学の勉強をしながら『人間とは何か』ということを真剣に考えたことは、人間と向かい合って治療していく医者という仕事に非常に役立っている。だから、若い頃に文学部で過ごした時間は、自分にとってとても有意義なものだった。**自分は最善の決断をし、最善の行動をしてきた。だから今の人生にも満足している**」という思いがあるからなのです。

人にとっては、事例の男性のように、「人生の回り道」を経験することがあるかもしれません。

しかし、この男性のように、過去の自分の判断と行動を肯定的に考えることができれば、「後悔する」ことなく前向きに「満足する人生」を実現できます。

過去の経験を賢く生かして、今の人生に生かす

◆経験を生かすことができれば、人生に無駄な経験はない

人が人生の中で経験することは、どのようなことであれ、無駄になるものはありません。あらゆる経験が、今現在の仕事や生活の中で役立っているのです。

フランスの彫刻家に、オーギュスト・ロダン（19～20世紀）がいます。

「考える人」や「地獄の門」といった作品で、世界的に有名です。

このロダンは、**「経験を賢く生かすならば、何事も無駄ではない」**と述べました。

たとえば、失敗でも、挫折でも、人生の回り道をしたことであっても、そのような経験を今の人生、さらにはこれからの未来の人生のために「賢く生かす」ということができれば、そのような経験は決して「無駄ではない」のです。

ただし、そのように「経験を賢く生かす」ためには、ある条件があるように思います。

それは、「過去の経験を否定的に考えて、後悔しない」ということなのです。

「あんなことをしなければ良かった」

「なんて愚かな判断をしてしまったのだろう」

などと過去の経験を否定的にとらえ、そして後悔している人には、「経験を賢く生かす」ということができないのです。

「あの時に、できることは精一杯行動した」

「あの時は、あの判断が最善のものだった」

と、過去の経験を肯定的に考えることができてこそ、初めて「経験を賢く生かす」ということが可能になるのです。

このように自分が過去に考え、行動してきたことすべてを肯定的に考えることができなければ、「自分の人生に満足する」ということもできません。

「人を好きになる」ということを後悔することはない

◆失恋を肯定的に受け入れてこそ、次の恋愛が楽しみになる

たとえば、好きな人ができて、「あの人と恋人同士としてつき合いたい」と思い、勇気を出して告白したとします。

しかし、あえなくフラレてしまいました。

このような経験をした時に、

「あんな人を好きになるんじゃなかった。どうして告白なんてしてしまったのだろう」と、後悔してしまう人もいるかもしれません。

しかし、恋愛したことを、後悔することなどないのです。

好きになった人に告白したことを後悔する必要もありません。むしろ、

「私は、最高にいい人を好きになった。あの人を好きになったことを後悔はしない」

「好きな人に告白したことは、私の人生にとって最高の経験だった。フラレたのは残念だけど、告白したことに後悔はしない」

と、あくまでも自分が考えたこと、自分がしたことを肯定的に考えることが大切なのです。

そのように自分の人生を肯定的に受け入れてこそ、「あの人を好きになった」という経験を、また「失恋した」という経験をも、次の恋愛に賢く生かすことができるのです。

その経験をもとにして、次には、もっとすばらしい恋愛をし、また、その恋を成就して幸せになることもできるのです。

しかし、「人を好きになるんじゃなかった」と後悔していたら、きっと、もう人を好きになるのが怖くなってしまって、恋愛などできなくなってしまうかもしれません。

それでは、「満足できる人生」を実現することなどできないと思います。

どのような恋愛であれ、「最高の出会いだった」と考える

◆「人を好きになる」ということを後悔しない

日本の文学の世界で、長い間活躍し続けた女性作家に宇野千代《うのちよ》（19〜20世紀）がいます。

大正十年に二十代半ばで小説家としてデビューして以来、平成八年に九十八歳で亡くなるまで、ずっと小説家として活躍しました。

また、私生活では「恋多き女」として有名でした。

たとえば、彼女は、一生のうちで四回結婚し、四回離婚しました。また、結婚はしなかったものの、その他にも恋愛をした男性が多くいたと言われています。

彼女は、**ある人と恋愛したこと、結婚したこと、離婚したこと、好きになった人と**

別れたこと…など、すべてを含め、後悔はしなかったと言います。

離婚や別れを含めて、人と恋愛したことは、すべて「いい経験だった」と肯定的に受け入れていたのです。

そのように「後悔しない」「すべてを肯定的に受け入れられる」人だったからこそ、彼女はいい恋愛をたくさんできたのでしょう。

また、彼女の作品には、男女の恋愛を描いた傑作も多いのですが、実際の自分の恋愛を「後悔しない」「すべてを肯定的に受け入れる」ということができたからこそ、その経験を生かして、すばらしい恋愛小説を書くことができたと思います。

この宇野千代の人生からもわかるように、「人を好きになる」ということは、決して、後悔するようなことではありません。

もちろん、うまくいかない場合もあると思いますが、どのような恋愛であったとしても、「最高の出会いだった。最善の恋愛をした」と肯定的に受け入れていくことが大切です。それができれば、自分の人生に満足できるでしょう。

人は、どんなことに後悔しながら生きているのか

◆一生不満を残したまま終わらないために、後悔しない

ある調査で、「何に後悔していますか」と尋ねたところ、返ってきた答えを、多かった順に並べると、「第一位、結婚」「第二位、就職」「第三位、学業放棄」という結果になったと言います。

第一位の「結婚」とは、「あんな人と結婚するんじゃなかった。あの人と結婚したために、私は不幸になった」といった後悔です。

第二位の「就職」とは、「やりがいのある仕事を与えてもらえない。こんな会社に就職するんじゃなかった」という後悔です。

第三位の「学業放棄」とは、高校や大学に入学したけれども、卒業する前に途中で

退学してしまうことです。

確かに、人それぞれ「失敗した」と思うことがあるのでしょう。しかし、どのようなことであれ「後悔はしない」と決めて生きていくほうが賢明だと思います。

むしろ、**「あの時、私は最善の決断をし、もっとも良い行動を取った」**と肯定的に考えるほうが得策です。

今後、離婚をするにせよ、別の会社に転職するにせよ、高校や大学に入り直して、もう一度勉強するにせよ、それまでしてきたことを「後悔しない」ほうが、今後の人生について前向きに進んでいくことができるのです。

常に後悔していたら、今後の人生に意欲的に取り組んでいくことができないのです。そうなれば、自分の人生に一生、不満を残したまま終わってしまうでしょう。

実際に、「あんな人と結婚するんじゃなかった」という後悔を引きずりながら、その相手との不幸な関係をズルズルと続けていく人もいます。「この人と結婚したことは、当時の私にとっては最善の選択だった」と肯定的に受け入れてこそ、「では、今後はどうするか」ということを前向きに考えていけるのです。

後悔しないからこそ、転機の人生を幸せにできる

◆別の人生へと歩み出す決心を後悔してはいけない

プロテニスプレーヤーとして活躍した男性がいます。

彼は三十一歳で現役から引退しました。

その際、周りの人たちからは、「あなたは、まだまだ現役として活躍できるんじゃないか」という声もありました。

彼自身も、「まだ、がんばれる」という気持ちもあったようです。

しかし、彼は、「現役から引退する」と決断しました。

その後の人生の中で、「三十一歳で現役から引退したことも、一度も後悔したことはない」と彼は言います。

なぜ後悔しなかったのかと言えば、それは彼に、「三十一歳で現役から引退したことが、自分にとっての最善の決断であり、もっとも良い行動だったからだ」という思いがあったからなのです。

そして、「**引退するという決断に後悔しなかった**」ということが、彼のその後の人生に非常に良い影響を与えたのです。それは、「引退後の人生に意欲的に、前向きに取り組めるようになった」ということなのです。

実際に、彼は、現役を引退後、今度は若いテニス選手の指導者として、また、テレビなどに出演するスポーツ解説者や、バラエティ番組などのタレントとして大活躍しているのです。その結果、現在の生活にとても満足しているのです。

人の人生には「転機」というものがあります。事例の男性のようなスポーツ選手にとっては、「現役の引退」ということが人生の転機になるでしょう。

一般の人たちにとっても「転職」や「独立」などは人生の転機になります。その際に、その決断に後悔しないということが、満足のいく人生につながります。

主体的に生きている人は「後悔する」ことがない

◆大切な決断や行動を、人任せにしない

自分の生き方に後悔せずに、満足する人生を実現するための方法として、「主体的に生きる」ということが挙げられます。

「主体的に生きる」とは、**人生の選択を迫られた時には、自分の「こうしたい」という思いを大切にして、自分の力で行動していく**、ということです。

このように主体的に生きていく人は、自分が下した決断や行動に対して「最善のものだった」という意識が強く、従って、後悔することもないのです。

一方で、何事も人任せにしてしまいがちな人もいます。

自分の今後の人生がどうなるかというような重要な決断にもかかわらず、主体的な

考えをまったく持たずに、他人から「こうするほうがいいんじゃないか」と言われたことに、そのまま従ってしまいます。その結果、うまくいかなくなると、「あんな人の言ったことに従うんじゃなかった」と後悔し始めるのです。

とかく、他人の意見に左右されてしまいがちな、このような主体性のない人は、後になって悔やむことが多いのです。

しかし、それに比べて、主体的に生きている人は、たとえその結果うまくいかない事態になったとしても、無用な後悔にとらわれて思い悩んでしまうことはありません。

あくまでも「あの時、私は最善の決断をした」と肯定的に受け止めて、これからの人生に意欲的に取り組んでいけます。

その結果、うまくいかない事態を乗り越えて、最終的には「満足のいく人生」を手にすることができるのです。

もちろん、周りの人の意見を聞くことは大切です。しかし、参考にするだけで、最終的な決断と行動は、自分で主体的に決めていくことが大切です。

失敗の原因を、人のせいにしてはいけない

◆周りの人たちの働きに感謝するほうがいい

古くから伝わる中国のことわざに「**敗軍の将《しょう》、兵《へい》を語らず**」というものがあります。

古代中国の歴史書である『史記《しき》』に出てくる言葉です。

『史記』は、紀元前2～1世紀にかけて、司馬遷《しばせん》によって書かれた歴史書です。

当時の中国は、小さな国が多数存在し、お互いに戦争を繰り返しながら、天下を取ることを狙っていました。

そうした中、ある国の将軍が、支配する領域を広げるために、戦争に出ました。

しかし、その戦争に負けてしまったのです。

その時に、その将軍が語った言葉が、この「敗軍の将、兵を語らず」です。

つまり、「戦争に負けた軍隊の将軍というものは、『兵が一生懸命になって闘わなかったから、負けた』などと、責任を兵隊に押しつけて悪くなど言わないものだ」という意味を示しているのです。

言い換えれば、「何かに失敗した原因を、誰かのせいにしてはいけない」ということなのです。

そんなことをすれば、「戦争などするんじゃなかった」と後悔が生まれてしまいます。部下である兵隊たちの心も、その将軍から離れていってしまうでしょう。

そうなれば、他国に自分の国を侵略されてしまうかもしれません。

従って、自分の決断や行動を後悔することなく、そして兵隊たちに向かっても「お前たちが最善の努力をしてくれた。私は満足だ」と感謝するほうがいいのです。

そうすることで、たとえ負けたとしても、軍勢を立て直して、ふたたび闘うことができます。組織のリーダーには、参考になる話だと思います。

第5章

ありのままの自分に満足する

自分の欠点ではなく、長所を意識して生きる

◆欠点は、裏返すと長所になる

自分自身の性格や人生に、「不満がある」と言う人がいます。

「話が下手だ」とか「優柔不断だ」といった欠点を数えあげて、「そんな自分に満足できない。不満だらけだ」と嘆《なげ》いてばかりいるのです。

しかし、そんなふうに自己嫌悪にばかり陥《おちい》っていたら、幸せに生きていくことはできないでしょう。

誰にでも欠点はあります。

しかし、逆の言い方をすれば、誰であっても長所もあるのです。

従って、欠点ばかりを意識するのではなく、自分の長所に目を向けることが大切で

す。

それに、自分が欠点だと考えていた点が、実は裏を返すと「長所だった」ということも少なくはないのです。

たとえば、「口下手《くちべた》だ」ということで、自分に不満を持っていた人がいたとします。

しかし、口下手な人ほど、「しっかり自分の気持ちを伝えなければならない」という意識が強く、その結果、「誠実なものの話し方」を心がけているものです。

実際に、口下手な人は、周りの人たちから、「あの人は誠実だから信頼できる」と高く評価されている場合も多いのです。

ですから、**「口下手だ」と自分に不満を募《つの》らせるのではなく、自分の長所である「誠実な話し方をする」という点に意識を向け、そんな自分に自信を持って生きていく**ほうが良いと思います。

そうすれば、ありのままの自分に満足できるようになります。

「ありのままの自分」を受け入れて満足する

◆「優柔不断」ではなく「正しい判断を下せる」と考える

人にとって「ありのままの自分」として自然に生きていくことが、もっともノビノビと楽しく暮らしていく方法になると思います。

オランダの神学者であり、また哲学者でもあった人物に、デジデリウス・エラスムス（15〜16世紀）がいます。

彼は、**「幸福であるために大切なことは、ありのままの自分でいることを厭《いと》わないことである」**と指摘しました。

この言葉にある「ありのままの自分でいることを厭わない」とは、言い換えれば、「ありのままの自分に不満を持つのではなく、ありのままの自分に満足することが大切だ」という意味を表しています。

では、どうすれば「ありのままの自分に満足する」ことができるのかと言えば、それは「自分のいい面に意識を向ける」ということなのです。

たとえば、自分のことを「私はなんて優柔不断なんだろう」と思い込み、そんな自分に不満を感じて悩んでいる人がいたとします。

しかし、「優柔不断」という性格は、裏を返せば、「慎重に物事を判断する」という性格だとも言えるのです。

そして、慎重に物事を判断するということは、それだけ間違いのない、正しい判断を下せることにもつながりますから、むしろ、そのような性格はその人にとって「長所」だとも言えるのです。

その結果、「私は優柔不断なのではなく、じっくり考え、正しい判断を下せる人間なんだ」ということを、その人自身が理解することができれば、ありのままの自分を受け入れ、ありのままの自分に満足して生きていくことも可能になると思います。

「友達が少ない」からこそ、真の親友ができる

◆友達が少ないのは、少しも恥ずかしいことではない

ある若い女性は、「私は友人が少ない」ということに悩んでいました。

そして、「友人が少ないのは、たぶん、周りの人たちから私が、『あの人は性格が悪い』と思われているからだ」と決めつけ、自分という存在に不満を募《つの》らせていました。

このような女性には、恐らく、「友達が多いことは誇れることで、友達が少ないことは恥ずかしいこと」という考えがあるのでしょう。

しかし、「友達が少ない」ということは、決して恥ずかしいことではありません。

もちろん友達が多いことは誇れることだと思いますが、友達が少ないということも、ある意味、誇らしいことなのです。

なぜなら、友達が少ない人は、それだけ一人一人の友達との関係を大切にします。一人一人の友達と強い絆を結びます。ですから、友達が少ない人ほど、イザという時に頼りにできる真の友達がいるのです。

そういう意味で、「友達が少ない」ということも誇らしいことなのです。

事例の女性も**「友達が少ない」ということを、このように肯定的に考えることができれば、そのことで思い悩んでしまうこともなくなる**はずです。

「友達が少ない」という、ありのままの自分を素直に受け入れ、そして、そんな自分の人生に満足しながら生きていけると思います。

そうなれば、思い悩むことなく、明るい気持ちで楽しく生きていけるようになるでしょう。

そして、一層、心を許せる親友との関係をより深く親密なものにしていけるよう、より前向きに努力していくと思います。

「浮いてしまう」のは、それだけ強い個性を持っている証しである

◆個性的な人間ほど、周りの人に受け入れてもらえないこともある

ある男性は、「僕はいつも周りから浮いた存在になってしまう」ということに悩んでいます。

「浮いた存在になる」とは、たとえば、

「周りの人たちに、なじめない」

「周りの人たちと話が合わない」

「自分の意見を、周りの人たちに受け入れてもらえない」

「周りの人たちが、自分についてきてくれない」

「とかく、一人で行動してしまうことが多い」

といったことです。

そのために、彼は、「僕が浮いてしまうのは、僕がわがままだからだろうか」などと自己嫌悪に陥《おちい》ってしまうことが多いのです。

しかし、「浮いた存在になりやすい」ということは、必ずしも、悪いことではないのです。というのも、このような浮いた存在になりやすい」というタイプの人は、それだけ「個性的な人」でもあるからです。

普通の人たちが持っていないような、強い個性の持ち主なのです。

そして、実際には、このタイプの人には、その強い個性を発揮して画期的な成功を成し遂げる人も多いのです。

従って、自分自身を「わがままだからだろうか」と思い悩むことはありません。

むしろ、**「僕は個性的な人間で、画期的なことを成し遂げる才能に恵まれている」と肯定的に考えて、ありのままの自分自身を受け入れていく**ほうが得策です。

そうすれば、満足のいく人生を実現できます。

「自分はダメだ」と言う人ほど、実は周りからの評判がいい

◆周りの人たちから良く思われていることに気づく

「自分のダメなところ、不満なところばかりが気にかかる」と言う人がいます。

そのために、自分に自信を持てず、また、前向きに生きていけないのです。

しかし、「自分のダメなところばかり気にかかる」というのは、その人は本当に「ダメな人」だからではありません。

このようなタイプの人は、実は、すばらしい人なのです。

まず「自分のダメなところばかり気にかかる」という人は、それだけ真剣に、まじめに自分自身に向かい合っている証しなのです。

自分自身という人間と真剣に向かい合うという時間を持つことは、決して悪いこと

ではないでしょう。

それだけ、生きるということについて、誠実に考えている証しでもあるのです。

そのような意味から、このようなタイプの人は、仕事にも真剣に誠実にも向かいあう傾向があります。

命じられた仕事は、責任感を持って、きっちりとこなしていきます。

人間関係についても、決して、いい加減な人ではありません。

約束は必ず守り、誠実に、まじめに他人とつき合っていく人なのです。

そのようなことから、この「自分のダメなところばかり気にかかる」という人は、実は意外と、周りの人たちから評価が高いのです。

そして、周りの人たちから信頼され、また、頼りにされています。

従って、**自分の内面ばかりに目を向けているのではなく、実は自分は周りの人たちから良く思われているということに気づく**ことが大切です。そうすれば、自信を持って、自分に満足して生きていけるでしょう。

「リフレーミング効果」で、自分の生き方を変える

◆「あきっぽい性格」だからこそ、色々なことを楽しめる

心理学に、「リフレーミング効果」という言葉があります。

この言葉にある「フレーミング」には、「物事を認識する枠組《わくぐ》み」という意味があります。

また、「リ」は、「組み立て直す」ということです。

つまり、「リフレーミング」とは、**「物事を認識する枠組みを、組み立て直してみる」**ということなのです。

そうすることで、「心の状態」が変わります。今まで思い悩んでいたことが解決し、気持ちが明るくなります。

それまで不満に思っていたことに、満足することができるようになるのです。それが、「リフレーミング効果」です。

たとえば、「あきっぽい性格」の人がいたとします。

何をやっても長続きしません。

本人も自分のそんな性格に不満を感じ、自己嫌悪の感情に苦しんでいます。

その人は、恐らく、「あきっぽい性格の人間は、何をやってもダメだ」という認識の枠組みで自分自身を見ているのでしょう。

その認識の枠組みをリフレーミングしてみるのです。

一例として、「あきっぽい性格で、一つことは長続きしないかもしれないが、その分、たくさんのことを経験できる。たくさんのことにチャレンジして、普通の人の何倍も人生を楽しめる」と考えてみるのです。

そうすれば、自分の性格にありのままに受け入れて、それに満足しながら前向きに生きていけるようになるはずです。

「ガンコな性格」だからこそ、大きなことを成し遂げられる

◆「ガンコな人」は、実は、ほめ言葉である

ある男性は、友人からよく「君はガンコだね」と言われることがあります。

そのために、彼は最近、そんな自分の性格が気になり始めました。

「僕はガンコだから、みんなから嫌われてしまうんじゃないか。人とうまくつき合っていけないんじゃないか」と、思い悩むようになってしまったのです。

しかし、その「ガンコだから嫌われる。ガンコだから人とうまくつき合っていけない」というのも、実は、一面的な「認識の枠組み」の一つに過ぎないのです。

従って、自分の性格について思い悩むのではなく、心理学で言う**「リフレーミング」を行って、自分への認識の仕方を変えてみる**といいのです。

そうすれば、いわゆる「ガンコ」という性格の持ち主には、実は、良い点がたくさんあることがわかってきます。たとえば、

「ガンコな人ほど、意志が強い」

「ガンコな人は、周りから何を言われようが、最後までとことんやり抜く」

「ガンコだからこそ、信念が強いので、大きなことを成し遂げられる」

「ガンコな人は、自分ならではの、しっかりとした価値観を持っている」

このように物事の認識の仕方をリフレーミングしてみると、「ガンコな自分」に自信を持って生きていけるようになります。

ガンコな自分をありのままに受け入れて、ありのままの自分に満足して、前向きに生きていけるようになるのです。

そのほうが生産的な生き方をすることができますし、自分に自信を持って生きていけば、本当に、大きなことを成し遂げることもできるのではないでしょうか。

ありのままの自分を受け入れることで、生きる活力が生まれるのです。

「空気を読めない」からといって、自分を悲観することはない

◆空気を読めない人は、裏を返せば、天真らんまんな人である

「あの人は、その場の空気を読めない」といった言い方があります。

「空気を読めない」とは、「その場の雰囲気を察して、それに合わせた発言や振る舞いをすることができない」ということを意味します。

この「空気を読めない」という言葉は、どちらかというと悪口として使われる場合が多いようです。

つまり、「あなたは、その場の雰囲気に合わせた言動ができない、自分勝手な人なんですね」といった意味です。

ある若い女性も、友人から、「あなたって、その場の空気を読めない人ね」と言われ

た経験があると言います。

それ以来、彼女は、「私って、そんなに自分勝手で、周りのことを考えない人間なんだろうか」と思い悩むようになりました。

しかし、いくら悩んでも、「では、どうすればいいか」という明確な答えが出ませんでした。

そこで、彼女は、もう悩むことをやめました。

「空気を読めないなら、空気を読めない人間でいい。ありのままの自分を受け入れて、ありのままの自分として生きていこう」と決心したのです。

考えてみれば、「空気を読めない」という性格にも、良いところがあると気づいたのです。それは、「天真らんまんで、裏表がなく、自分の意思表示をはっきりできる」ということです。

自分は「空気を読めない」性格かもしれないが、そんな自分の性格にも良い点があると気づいて、彼女は自分の人生に満足して生きていけるようになったのです。

「欠点」とは、自分の中のごく部分的な「点」にすぎない

◆全体的な、ありのままの自分を見る

「自分が嫌いだ」と言う人がいます。

そのような人は、いつも自分の欠点探しばかりしていると思います。

「自分は口下手だから、そんな自分が嫌いだ」

「要領が悪いから、そんな自分が嫌いだ」

「自分が嫌いなのは、自分がグズグズした性格だからだ」

「天才的な才能がない自分が嫌いだ」

「人とうまくつき合っていけない自分が嫌いだ」

といったようにです。

しかし、そのような「欠点」は、まさに「点」にすぎません。

自分に「欠けている点」があるのは事実なのかもしれませんが、それは「点」にすぎないのです。

「点」ということは、言い換えれば、「ごく一部分」であるということです。

こんな自分の「ごく一部分」にすぎないことに惑わされて、自分を嫌いになることは愚かなことではないでしょうか。

自分のごく一部分を見るのではなく、自分の全体像、つまり、ありのままの自分の姿を見てみるのです。

そうすれば、全体とすれば自分には、良いところがたくさんあり、すばらしい人間であることがわかってくると思います。

そして、「全体としてみれば自分はすばらしい」とわかれば、そんな自分に満足し前向きに生きていけると思います。

自分の中のごく狭い「点」に惑わされないことが大切です。

人は自分では気づかないうちに「色メガネ」で自分を見ている

◆偏見という「色メガネ」を外して、自分を見直す

オーストリアの精神科医であり、心理学者だった人物にアルフレッド・アドラー（19～20世紀）がいます。

彼の考え方の中には、「幸せのヒント」が多く秘められています。

このアドラーの考え方の一つに、「**人は、自分でも気づかないまま、色メガネをかけて見ている。色メガネを外《はず》すことが大切だ**」というものがあります。

アドラーが、ここで言う「色メガネ」とは、「偏見《へんけん》」ということです。

「偏見」とは、「真実ではない、偏《かたよ》った見方」「間違った見方」ということです。

人は、「色メガネ」をかけて他人を見ている、また自分自身を見ていることも多いの

です。

そして、自分を、「私はダメな人間だ」「自分は嫌われ者だ」などと思い込んでいることが多いのです。

しかも、それが「真実ではない、偏った見方」であるということを、その人自身が「気づかないままでいる」ということがよくあるのです。

従って、**「私は本当にダメな人間なのか」「自分は本当に嫌われているのか」ということを問い直してみる**必要があります。

それが、「色メガネを外す」ことのきっかけになるのです。

そして、色メガネを外すと、つまり偏見を捨て去ってみると、自分自身が持っている良い面が見えてきます。

その結果、自分が持っている良い面が見えてくれれば、ありのままの自分を受け入れ、ありのままの自分に満足して、前向きに生きていけるようになるのです。

感情に惑わされることなく、理性的に反省する

◆理性的に反省すれば、次のチャンスを生かせる

人間ですから、うまくいかないことがあったり、失敗をすることがあります。

その時は、「なぜうまくいかないのか」を反省し、改善点を見つけ出して、今後のことに生かすことも大切です。

ただし、その「反省」ということは、「感情」を交えずに、あくまでも「理性的」に行うのがいいと思います。

そこで感情を交えると、ともすると、「私はダメだ」「がんばっても、どうせうまくいかない」「私は不運な星のもとに生まれた」といったネガティブな考え方に陥《おちい》ってしまいがちなのです。

いわば「ネガティブな色メガネ」で自分を見てしまうようになるのです。

そうなると、失敗の経験を生かして、そこから何か学び取ることなど不可能になってしまいます。

失敗を生かして、次の飛躍につなげるということなど、できなくなってしまうのです。

何も学べず、何も生かすことができないまま、ただ「自分は何をやってもダメだ」という自己嫌悪の感情に沈み込んでいくだけになれば、「満足できること」など何一つ生み出せないまま終わってしまうでしょう。

従って、そうならないためにも、ネガティブな感情に惑わされることなく、**あくまでも理性的にうまくいかない原因、失敗した原因を分析し、それを次に生かすように心がけていく**ことが大切です。

この「失敗する→理性的に学ぶ→知識と経験を次のチャンスに生かす→自分が成長する」ということを繰り返していくうちに、満足のいく結果を得られます。

第6章
自分らしい生きがいを楽しむ

仕事をがんばるだけでは、人生に満足することはできない

◆仕事もプライベートも楽しむ

「満足する人生」を実現するためには、バランスよく生きることが大切です。

何か一つのことに一方的に偏《かたよ》ってしまうことは良くありません。

偏りすぎてしまうと、満足するどころか、そんな生活に大きな不満が募《つの》っていくばかりになってしまうのです。

たとえば、生活の比重が、仕事のことばかりに偏ってしまうことがあります。

特に、「仕事で大活躍したい」と燃えている人に限って、そうなってしまう傾向が強いのです。

とにかく、周りの人たちとの出世競争に勝ち抜いて、大きな成果を出したいと、朝

早くから夜遅くまで仕事に一生懸命になって励《はげ》んでしまうのです。

もちろん、がんばれば、その分仕事の成果は伸びていくでしょう。

出世競争にも勝ち残れるかもしれません。

しかし、その人が心からの満足感を味わうことができるのかと言えば、必ずしもそうではない場合も多いのです。

なぜなら、その人は、仕事に一生懸命になりすぎたために、プライベートでの楽しみを失ってしまうからなのです。

人は、仕事一辺倒では、自分の人生に満足することはできません。

仕事でもがんばることは大切ですが、同時に、プライベートの生活も充実させることが大切です。

つまり、スポーツや音楽や趣味を楽しんだり、交友関係を楽しんだり、旅行をしたりする時間が必要なのです。

仕事もプライベートも双方充実してこそ、本当の意味で人生に満足できます。

仕事が忙しいからこそ、プライベートの時間を大切にする

◆働きすぎは不満やストレスの原因になる

２００７年から、国を挙げて「ライフ・アンド・ワーク・バランス」を推進する運動が行われています。

「ライフ・アンド・ワーク・バランス」とは、会社員であろうがフリーランスの人であろうが、すべての働く人たちが、仕事と同時に、趣味や勉強、地域活動、あるいは休養との調和をとり、バランスよく人生を楽しんでいくことを目指すことを意味しています。

そのようにして**仕事とプライベートの両方で満足できる充実した活動をしていくこと**が、その人にとっての真の幸福につながる、という考え方なのです。

そのような推進運動の成果もあって、日本人の平均的な労働時間は年々減少していく傾向があるようです。

つまり、仕事ばかりではなく、趣味や勉強を楽しむ時間が増えているのです。

とはいえ、一方で、総務省が作成する「労働力調査」の統計などを見ると、まだまだ労働時間が長く、プライベートを楽しむ時間が少ない人たちもいます。

特に、三十代後半から四十代の人たちに、その傾向が強いようです。

この年代が特に仕事が忙しいので、往々にして「働きすぎ」になりやすく、その結果、プライベートの時間が犠牲になってしまうケースが多いのでしょう。

しかし、そのために欲求不満やストレスを抱え込んでしまうことも、また多くなります。

言い換えれば、三十代後半から四十代の人たちは、仕事が忙しいからこそ、自分を仕事から解放できるプライベートの時間を大切にするほうが良いと思います。

「定時に帰る」と決めることで、時間の使い方がうまくなる

◆無目的にダラダラと時間を過ごさない

ある四十代の男性は、会社での仕事が忙しく、なかなかプライベートの時間を取れないことが悩みでした。

そのために自分の人生に心から満足することができず、欲求不満を抱えていました。

「このような生活を、いつまでも続けていたら自分がダメになる」と考えた彼は、あることを決めて、それを自分に課すことにしたのです。

それは、**「週に三日は、定時までに仕事を終わらせて帰宅する」**というものでした。

彼は、それまでは毎日のように残業をして、休日も自宅に仕事を持ち帰って働く日もありました。

そんな生活習慣を改めようと、彼は決心したのです。

そう決心しただけで、すぐに効果が出ました。

これには、次のような理由があります。

最初に「今日は定時までに仕事を終わらせる」と決心しておくことで、そのために仕事を効率的にやっていくために、意識して自分なりに工夫するようになります。

仕事の優先順位を考えたり、無駄な時間の過ごし方をしないように注意するようになるのです。

そして、実際に、決心してやってみれば、仕事を終わらせることは十分に可能なのです。

彼は今、仕事もがんばると同時に、趣味に費やすプライベートの時間も十分に持てるようになり、その中で、自分らしい楽しみを持てるようになりました。

彼の生活は、以前よりも増して充実したものになり、そして彼は、今の生活に心から満足している、と言うのです。

プライベートの時間を使って何をするかを考えておく

◆何も予定のないまま過ごさない

「充実した時間の使い方を工夫する」

「何もしないでダラダラと過ごす時間をなくす」

ということも「人生に満足する」ということにつながる重要なポイントになります。

職場で、これといった成果も上げられないまま、無駄な時間を過ごしてしまったら、「今日はいい仕事をした」という満足感は得られないでしょう。

これは、また、プライベートの時間の過ごし方についても言えることです。

仕事から帰ってからのプライベートの時間や、あるいは仕事のない休日の時間を、何もしないままダラダラと過ごしてしまったら、やはり「いい時間を過ごすことができた」という充実感や満足感を得ることはできないでしょう。

もちろん、疲労感が強い時には、何もせずにゆっくりと休養することも大切です。

しかし、**体が元気な時には、プライベートの時間も活動的に過ごす**ほうがいいのです。

たとえば、定時に仕事を終えた後に、美術館や劇場に行ったり、コンサートを楽しんだりします。

友人と会って、食事をしながら楽しくおしゃべりするのもいいでしょう。

休日も、運動をしたり、旅行をしたり、ボランティアなどに参加して活動的に過ごすのがいいと思います。

言い換えれば、そのような**活動の予定を事前に立てておいて、目的を持ってプライベートの時間を活動的に楽しむ**ことが大切です。

それでこそ、「いい時間を過ごすことができた」という満足感を得られます。

何の予定も目的もないと、ダラダラした時間の過ごし方になりがちです。

「朝活」によって、ライフ・アンド・ワーク・バランスをはかる

◆早朝のピュアな精神状態で朝活に励む

「朝活《あさかつ》」という言葉があります。

「早朝の時間帯を使って、趣味や勉強などをする」という意味を表す言葉です。

現在、この朝活を積極的に実践している人も増えています。

また、この朝活によってプライベートの時間を充実させ、ライフ・アンド・ワークの調和をはかっていくことは、「人生に満足する」ということにもつながると思います。

早朝という時間帯は、精神的に清々《すがすが》しい状態にあります。

ストレスなどに汚されておらず、ピュアな状態にあるのです。

従って、朝の時間帯を使って、趣味を楽しむにしても、散歩などの軽い運動をする

にしても、あるいは自己成長につながるような勉強をするにしても、清々しい精神状態で打ち込むことができるので、とても充実感や満足感が高いのです。

朝、このように満足できる時間を楽しむことによって、仕事にもリフレッシュした気持ちで集中できるようにもなります。

また、この朝活を実践するためには、現在よりも少し早起きしなければなりません。

そして、早起きするためには、現在よりも少し早い時間帯に就寝する必要があります。

また、早い時間帯に就寝するためには、早い時間に仕事を切り上げて、早い時間に帰宅することも大切になります。

その結果、「朝活を始めたことによって、生活が規則正しくなった。健康的な生活を送れるようになった」と言う人も多くいます。

この**「規則正しく、健康的な生活を送る」**ということも、「人生に満足する」ためのコツになります。

ライフ・アンド・ワーク・バランスで人生が楽しくなる

◆プライベートとのバランスを大切にする

政府広報オンラインにある「ライフ・アンド・ワーク・バランス」の項目によれば、プライベートと仕事の調和をはかっていくことによって、次のようなメリットがあると説明しています。

・生活が充実して、仕事にもプライベートにもやる気が出る。
・適度な休養と運動によって、心身の健康が維持できる。
・夫が子育てを手伝うようになり、妻が自分の時間を持てる。
・妻が子育てと仕事を両立でき、生きがいを感じられる。
・子供と一緒に過ごす時間が増える。

・年老いた親と過ごす時間が増えて、家族の絆《きずな》が強まる。

つまり、色々な意味で、「生きていくのが楽しい。生きていて良かった」という満足感を得られるようになるのです。

このように**「意欲的に生きること」「健康的に暮らすこと」ということを、自分なりの方法で心がける**ことが「人生の満足感」につながります。

また、夫と妻が、家事や子育てを分担していくことも、夫と妻双方にとって「人生の満足感」をもたらすものになります。

そして、親、自分たち、子供たちという三世代が絆を強めていくことも、それぞれの人たちにとって大きな「人生の満足感」を生み出すのです。

そして、それらは「ライフ・アンド・ワーク・バランス」をはかることによって実現される、ということなのです。

ただ単に一生懸命になって仕事をし、収入を増やしていくだけでは、人生に十分な満足感は得られません。あくまでもプライベートとのバランスが大切なのです。

自分なりに「私はこれがあれば満足だ」というものを作る

◆「自分なりの満足感」を持っている人は、たくましく生きていける

現代は、人々の価値観がとても多様化している時代です。

言い換えれば、人それぞれに、その人なりの「満足感」があるということなのです。

アメリカの哲学者に、ラルフ・ワルド・エマーソン（19世紀）がいます。

彼は、**「もっとも高度な文明においても、読書はやはり最大の喜びである。一度読書することの満足感を知った者は、不幸の中でもその満足を得る」**と述べました。

このエマーソンにとっては、この言葉からわかるように、「読書する」ということが彼の人生の最大の「満足」だったのです。

ですから、本を読むことさえできれば、彼は満足感を得ることができたのです。

実生活の中で、たとえ不幸なことがあったとしても、ゆっくりと読書する時間があれば、エマーソンにとっては自分の人生に満足できたのです。

お金持ちになれなくても、会社で出世しなくても、社会的に有名になれなくても、豪邸に住むことができなくても、読書する楽しみさえあれば、エマーソンは満足感を得ることができたのです。それが、彼の「価値観」だったのです。

このエマーソンのように、一般の人たちも、「自分なりの満足感」を持って生きることが大切です。

たとえば、「登山」に満足感を感じる人もいるかもしれません。

「登山を楽しむ時間的な余裕があり、同じ趣味を持って登山に関して楽しく語り合える友人がいれば、私は満足だ」と言う人です。

そのような「自分なりの満足感」を持って生きている人は、精神的に強いのです。

何か不幸なことに見舞われても、その「自分なりの満足感」を支えにして、たくましく、前向きに生きていけるのです。

自分なりの価値観に従って「満足するもの」を見つける

◆高級だからといって、満足できるとは限らない

「立ち食いソバ研究家」という肩書を持つ男性がいます。

彼は日本国中を旅して回って、街中や駅などにある立ち食いソバを食べ尽くしています。

そして、立ち食いソバに関する本も出版しています。

そんな彼は、立ち食いソバを食べていれば、満足だと言います。

この男性は、ある時、仕事の関係者の誘いで、銀座の高級寿司店でお寿司をごちそうになったことがあったと言います。

確かに、高級寿司店だけあって、そのお寿司は美味しかったのですが、しかし、彼

はそのお寿司に心から満足することができませんでした。

何か物足りない感じがしたそうです。

この彼にとっては、やはり、銀座の高級寿司店よりも、立ち食いソバのほうがずっと満足できると感じたのです。

このように「満足」とは、その人なりの価値観で決まるものなのです。

必ずしも、高級で、豪勢なものであるから、それに満足できるというものではありません。その人の価値観に合わなければ、いくら高額なものであっても、心から満足することができないのです。

言い換えれば、**自分の価値観に合った、自分なりの「満足するもの」を見つけるこ**とが大切です。

そのような「自分なりに満足するもの」がある人は、人生を豊かで楽しいものにできるのです。

「一杯のかけソバ」から、「満足いく人生」を築きあげていける人もいるのです。

「変わり者」と言われることを怖れる必要はない

◆勇気を持って「自分が満足するもの」を貫いていく

中国に林《りん》語《ご》堂《どう》（19～20世紀）という作家がいました。

みずから、いくつもの雑誌を作って、その中で、文学から政治、言語学、教育学、芸術に関することや、社会問題にまで及ぶ幅広い執筆活動をしました。

この林語堂は、**「満足を得る秘訣は、本当の自分自身になりきる勇気を持つことだ**（意訳）」と述べました。

この言葉にある「本当の自分自身になりきる」とは、言い換えれば、「自分なりの価値観を持って生きる」ということです。

自分なりの価値観がある人は、心からの「満足を得る」ということができるのです。

しかし、「それには勇気が必要だ」と、林語堂は指摘するのです。

なぜなら、「自分が満足するもの」を、周りの人たちは必ずしも理解してくれるとは限らないからです。

たとえば、日本の平安時代に作られた『堤中納言物語《つつみちゅうなごん》』という本があります。その中に「虫《むし》愛《め》ずる姫君」という話があります。

あるお姫様は、とても虫が好きで、暇があれば庭の昆虫を観察していました。虫を見ていると、とにかく満足できたのです。そんなお姫様の様子を見ながら、周りの人たちは、「もっとお姫様らしい趣味を持てばいいのに、虫を観察することが好きだなんて、変わった女の子だ」と、噂《うわさ》しあっていました。

このように「自分なりの満足できるもの」を、周りの人たちから「変わった趣味だ」と言われてしまうこともあります。

しかし、それでも、「勇気を持って、自分なりの満足できるものを楽しむことが、人間としての幸せな生き方だ」と、林語堂は指摘しているのです。

みずから積極的に「熱中できるもの」を探す

◆待っていても、「楽しいこと」は見つからない

「熱中できることが何もない。生きていることが、つまらない」と、不満を言う人がいます。

そのように言う人は、実は、その「熱中できること」を誰かが自分に与えてくれるのを待っているだけで、自分から積極的に熱中できることを探し、熱中できることをみずから作り出していこうという意欲が欠けている場合が多いようです。

熱中できることは、ただ待っているだけで、得られるものではありません。

みずから「人生を楽しもう」という旺盛な意欲を持って、「楽しいこと」「熱中できること」を、みずから積極的に探し出すことが重要です。

そのためには、二つのことが大切になります。それは、

・情報収集

・チャレンジ精神

です。

まずは、「面白そうなことはないか」と、情報収集します。

興味を持ってテレビを見たり、雑誌や本を読んだり、講演会に行ったり、色々な人に会って話を聞いたりします。

そして、「これは楽しそうだな」というものが見つかった時には、チャレンジ精神旺盛に、それを自分でもやってみるのです。

このようにして、みずから積極的に面白そうなことを探し、そして挑戦していけば、きっと、自分ならではの「熱中できること」を見つけ出すことができるでしょう。

そして、今よりもずっと生きることを楽しめるようになると思います。

そうすれば、自分の人生にも満足できるようになるでしょう。

第7章
人と自分を比べない

他人と自分を見比べるから、自分への不満が溜まってしまう

◆自分なりの価値観を持って、他人の存在に惑わされない

自分の生活や、あるいは自分の人間性に満足して生きていくために大切なことは、

「他人と自分とを、無暗《むやみ》に見比べない」

ということです。

他人と自分とを無暗に見比べてしまうと、往々にして、

「他人のほうが、自分よりも幸せそうだ」

「自分が持っていない能力を、あの人が持っている」

ということばかり目につくようになります。

そのために、他人を羨《うらや》ましく思い、自分の現状に不満を持つ、ということになりが

ちです。

その結果、「満足のいく人生」から遠ざかっていくことになるのです。

そういう意味から言えば、ある意味で、心のどこかで、**「自分は自分、人は人」だと割り切って生きていく**ほうが賢明だと思います。

これは、もちろん、周りの人など無視して、自分勝手に生きていけばいい、ということではありません。

周りの人との関係は尊重しながらも、他人と自分とを見比べて惑わされることなく、自分なりの価値観をしっかり持って生きていく、ということです。

往々にして、自分なりの人生の価値観がしっかりしない人は、「他人と自分とを見比べて、心を惑わせてしまう」ということになりがちです。

従って、日頃から、「自分にとっての幸福とは何か」「自分は、どのような人生を目指して生きていけばいいのか」ということをよく考えておくのがいいでしょう。

それによって、「満足のいく人生」へ向かって歩《あゆ》み出すことになります。

「隣の土地の穀物」を、うらやましく思わない

◆他人と見比べると、かえって自分がダメになっていく

イギリスのことわざに、**「隣の土地は、自分の土地よりも良い穀物がとれる」**というものがあります。

二つの農家が隣りあっています。そして、同じ作物を作っています。

「本当は自分の土地でも良い穀物がとれているのに、隣の農家の土地でとれる作物と自分の土地でとれた穀物を見比べていると、どうしても隣の農家の土地でとれる穀物のほうが出来《でき》が良く見えてくる」ということを、このことわざは意味しているのです。

つまり、無暗《むやみ》に他人と自分を見比べると、ついつい人は他人がうらやましく思えてきて、一方で、自分には不満を感じてしまうようになる、ということを指摘している

のです。

従って、無暗に他人と自分を見比べるようなことはしないほうがいいと思います。

ここでのポイントは、本当は、「自分も他人と同じように、良いものを作り、良いものを持っているのにもかかわらず、他人をうらやみ、自分に不満を持つ」という点にあるのでしょう。

自分の良いところに、そのまま不満を持ち続けてしまったら、本当に自分がダメになっていってしまうかもしれません。

たとえば、本当は良い性格を持った人なのにもかかわらず、友人と自分とを見比べて、「あの子は私よりもずっと良い性格をしている。私よりも、ずっと、みんなから好かれている。それに比べて私は性格も悪くて、嫌われている」などと考えていたら、自分を成長させる意欲を失って、本当に「性格が悪い嫌われ者」になってしまうかもしれないのです。

従って、他人と見比べることなく、自分に満足して生きることが重要です。

「人と比べず、面白がって」生きていくほうがいい

◆他人と自分を見比べて、落ち込んだり、いい気になったりしない

個性的な女優として人気を集めていた女性に、樹《き》木《き》希《き》林《りん》（20〜21世紀）がいました。

彼女が述べた言葉の数々には、参考になる点がたくさんあります。

その樹木希林の言葉の一つに、

「おごらず、人と比べず、面白がって、平気で生きればいい」

というものがあります。

その言葉にある「おごらず」とは、「思いあがらない」「いい気にならない」ということです。

言い換えれば、「謙虚な気持ちで、自分ならではの個性的な人生を生きていくことが

大切だ」という意味です。

また、「人と比べず」とは、「他人と自分を見比べて、あれこれ考えることはしない」ということを示しています。

他人と自分を見比べて、自分が劣っているところを見つけては落ち込んだり、不満を持ったり、あるいは、自分が優越しているところを見つけて、いい気になったりしてはいけない、ということを指摘しています。

また、「面白がって」とは、「人と自分を見比べることをやめて、自分らしく自分の人生を面白がって、楽しんで生きていく」という意味を表しています。

さらに、「平気で生きればいい」とは、「もしも自分自身に他人より劣ることがあっても、そんなことは気にせずに、平気な気持ちで、自分なりの人生を楽しんでいけばいい」ということを教えてくれていると思います。

このような心がけが、「満足のいく人生」のコツのなるのです。

無暗《むやみ》に他人と比べると、悪い欲張りになる

◆今自分が持っているものを大切にし、満足する

無暗に他人と自分とを比べると、「欲張りになってしまう」ということもあります。

たとえば、テレビを見ていると、時々、ある金持ちが登場して、その人が暮らしている豪邸や、ぜいたくな暮らしを紹介しています。

そんな金持ちと自分の暮らしを引き比べて、「自分は収入も少なく、豪邸にも住めず、ぜいたくな暮らしもできない」という不満を持つ人もいます。

そうすると、その人は、「自分もお金持ちになりたい。もっともっとぜいたくをしたい」といった欲に取りつかれていってしまう危険が高まるのです。

もちろん、人にとって「欲を持つ」ということは、必ずしも、悪いことではありま

せん。それが、「がんばろう」という意欲につながるからです。

しかし、一方で、あまりにも欲張りになってしまうことは、決して良いことではないのです。

特に、無暗に他人と自分とを引き比べると、その人は、悪い意味での「欲張り」になってしまう可能性もあるのです。

欲張りになってしまうと、何か悪いこと、ずるいことをしてまで、たくさんのお金を得たいと欲張ってしまいます。リスクが大きいことに手を出してでも、ぜいたくな暮らしをしたいと欲張ってしまうこともあります。

その結果、信用をなくし、大失敗をして、結局は、今持っている大切なものまで失ってしまうこともあるのです。

従って、「欲張りにならない」という意味でも、**無暗に他人と自分とを比べない**ほうが賢明です。

そのことが、今自分が持っているものを大切にし、満足することにつながります。

今あるものに満足し、今あるものを大切にしていく

◆他人と比べなくても、自然に豊かになっていく

イソップ物語に、『女とニワトリ』という話があります。

ある女がニワトリを飼っていました。

そのニワトリは、一日一個ずつ金の卵を生みました。

その女は欲をかいて、そのニワトリに一日二個ずつ金の卵を生ませる方法はないかを考えました。

そして、そのためには、今よりも多くのエサを食べさせればいいと思いつきました。

それからは、実際に、たくさんのエサを与えました。

しかし、そのニワトリはどんどん太っていって、体調が悪くなったのか、金の卵を

生まなくなってしまいました。

この話は、欲をかきすぎると、かえって今持っている利益まで失ってしまう、ということを教えています。

言い換えれば、欲をかくと失敗するということです。

たとえば、一般のサラリーマンの人がいきなり億万長者になろうと思うのは、ちょっと無理な考えではないでしょうか。

もちろん、向上心をもって、より良い生活を目指していくことは大切かもしれません。しかし、それは「いきなり多額の収入を得ることを考える」ということではなく、**まずは、今の自分の生活というものに「満足する」**ということが大切です。

そして、「満足する生活」のためには、その大切なコツの一つとして、「無暗に他人と自分とを引き比べない」ということが挙げられます。

それが、今の生活の中で、無理のない方法で生きていくために必要になります。

「吾道《わがみち》、一《いち》を以《も》って之《これ》を貫《つらぬ》く」の精神を持つ

◆他人に関わらず、自分の信念を貫いていく

禅の言葉に、**「吾道、一を以って之を貫く」**というものがあります。

この言葉にある「吾道」は、「わがみち」、あるいは「ごどう」とも読みますが、「私の人生」「私の生き方」といった意味です。

また、「一を以って之を貫く」とは、「ただ、一つの信念、一つの志を貫いていくものだ」ということです。

つまり、わかりやすく言えば、**自分が目指すものを目指して、一つの志を持って、自分らしい生き方を貫いていくことが大切だ、**ということを指摘しているのです。

それが、もっとも「満足のいく人生」につながるのです。

人によっては、たとえば、知り合いからあるビジネスで儲けているといった話を聞くと、その知り合いを羨《うらや》ましく思い、自分が今やっていることに不満を思って、自分がやっていることを投げ出して、その知り合いがやっているビジネスに乗り換えてしまいます。

しかし、そんなことをしても、信念が伴わないと、結局は失敗してしまうことが多いのです。他人がやっていることを、そのまま真似してやったとしても、うまくいかない場合が多いからです。

従って、無暗に自分と他人を見比べて、他人を羨ましく思うのではなく、「吾道、一を以って之を貫く」の精神を持って、周りの人たちがどうだ、こうだ、ということに関わらず、自分の生き方を貫いていくほうがいいのです。

そのほうが、結局は、その人の人生に満足のいく結果を得られます。自分らしく生きてこそ、自分の人生に満足できます。

「その所《ところ》を失わず」に生きていく人が幸せである

◆他人をうらやむと、不幸になる

古代中国の思想家に、老子《ろうし》〈紀元前6世紀〈諸説あり〉〉がいます。

無暗《むやみ》に他人と自分を比べることなく、自分のありのままの姿を受け入れ、自分らしく自然に生きることに満足して生きていくことが、人間にとってもっとも幸せな生き方である、という考え方を説いた思想家です。

この老子の言葉に、**「その所を失わざる者は、久しい」**というものがあります。

この言葉にある「その所」とは、つまり、「ありのままの自分」「自分らしい自然な生き方」を意味しています。

そのような自分らしさを失わずに生きていく者は「久しい」、つまり、末永く幸せに生きていける、ということなのです。

言い換えれば、無暗に他人と自分とを見比べて、他人を羨《うらや》ましく思って、自分らしい生き方を見失ってしまうような人は、「久しい者」になることは難しいのです。

つまり、ずっと幸せな気持ちで、自分自身の人生に満足しながら生きていくことができないのです。

次のような話があります。ある女性がいました。彼女には一人の女性の友人がいて、その友人はとても幸せそうな結婚生活を送っていました。

その友人の結婚生活を羨ましく思った彼女は、自分の結婚生活に不満を持ち、自分の夫に対して、「私が幸せになれないのは、あなたのせいだ」と、激しく文句を言うようになりました。その結果、夫婦関係が悪くなって、彼女は離婚することになってしまったのです。

そんなことにならないように、無暗に他人と自分を見比べないことが大切です。

羨《うらや》ましく思うものも、近寄ってみれば大したことはない

◆遠くから見ているから、他人が羨ましく見えるだけ

西洋の昔話に、「旅人と、枯《か》れ木の根っこ」という話があります。

一人の旅人が海岸を歩いていました。やがて、その旅人は、見晴らしのいい高台に出ました。そこから海を眺めていると、遠く沖のほうに大きな船が浮かんでいるのが見えました。見ていると、その船は、だんだん岸に近づいて来ている様子でした。

その旅人は、「あの船は難破して漂流しているのかもしれない。しばらく待っていれば、この岸まで流れ着くかもしれない。もしあの船が金銀財宝を積んでいたら、それを手に入れることができるかもしれない」と考えました。

そして、その船が岸まで流れ着くのを待っていました。

船はだんだん近づいてきました。すると、その船は大船ではなく、意外と小さい船であると気づきました。

船はさらに近づいてきました。すると、それは船ではなく、海を漂《ただよ》う、ただの「枯れ木の根っこ」であることがわかりました。

この話は、**「人間は、とかく、遠くにあるものを、すばらしいものだと勘違いしやすい」**ということを指摘しています。

そして、「近くからよく見てみれば、それが大したものではないことに気づくことが多い」ということを示しています。

「他人と自分を見比べる」ということも同じなのです。

他人を遠くから見ていると、その人が持っているものを、すばらしいものだと勘違いし、それを羨ましく思ってしまいがちなのです。

しかし、近づいてよく見ると、大したものではないとわかるのです。

ですから、他人を無暗に羨ましく思わないほうがいいと思います。

「競争に勝ちたい」という気持ちを強く持ちすぎない

◆「不争の徳」を大切にして生きていく

現代は競争社会です。

学校では勉強の成績をめぐっての競争があり、会社に就職すればライバルたちとの出世争いがあります。また、同業他社との、売り上げやシェアをめぐっての争いもあるでしょう。

また、恋愛関係でも、ある素敵な人をめぐっての、恋の争いがあるかもしれません。

このような「競争社会」で生きていると、人は、ともすると、他人と自分とを見比べて「あの人に勝った、負けた」「あの人より自分のほうが上回っている、下回っている」といったことに一喜《いっき》一憂《いちゆう》してしまいがちです。

そして、他人の活躍や成功に惑わされて、自分自身に対して不満だらけになって、自分らしい生き方を見失ってしまうこともあるのです。

中国の言葉に、**「不《ふ》争《そう》の徳」**というものがあります。

この言葉にある「不争」とは、「人と無暗に争わない」ということです。

争わないということが、その人の「徳」、すなわち、すばらしい人徳になる、という意味なのです。従って、

「あの人には、出世競争で絶対に負けたくない」

「あの人に打ち勝って、先に私が成功してみせる」

「恋の争いで、あの子には絶対に負けたくない」

といったように、あまりにも強い競争心は持たないほうが賢明なのです。

そのような競争心を捨て去ってこそ、「人徳ある人」になれます。

そして、周りの人たちから尊敬される存在にもなれます。その結果、心穏やかに暮らしていけるのです。

そのほうが、競争に勝つよりも、ずっと自分の人生に満足できるでしょう。

他人と見比べて満足感に浸らないほうがいい

◆優越感は長い満足感にはつながらない

「他人と自分を見比べて、自分に他人よりも優越しているところを見つけては、満足感に浸《ひた》っている」といったタイプの人がいます。たとえば、

「私は、彼よりも収入が多い。満足だ」

「彼女の恋人よりも、私の恋人のほうがずっとカッコいい。満足だ」

「僕のほうが、あの人よりも、社会的に活躍している。満足だ」

といった具合です。

しかし、そのような「満足感」は、決して長続きはしないでしょう。

なぜなら、その満足感は、ほんの一時的なものにすぎないからです。

たとえば、学生時代の友人の収入が、自分よりも低いとわかったとします。

その人は、自分のほうが収入が多いことに、優越感や満足感を感じます。

しかし、さらに広い視野で自分の周りを見渡してみれば、自分よりもずっと収入が多い友人がたくさんいるのです。

そんな人たちを見て、今度は、「どうして自分の収入は、あの人たちよりも低いんだ」と、強い不満を感じてしまうことになるのです。

それと同じように、恋愛関係でも、広く周りを見渡してみれば、自分の恋人よりもカッコいい人とつき合っている人もたくさんいます。

また、社会的に自分よりも活躍している人も数多くいるのです。

ですから、**最初から、当初の優越感や満足感など一時的なものにすぎないものだと理解する**ほうが賢明です。

従って、他人と自分を見比べて優越感をおぼえ、それに満足するようなこともしないほうがいいと思います。

第8章
与えること、与えられることに満足する

人に尽くせば尽くすほど、大きな満足感を得られる

◆人に尽くすことに手抜きをすれば、満足感は得られない

「他人に喜びを与える」ということは、その人自身の大きな満足感になります。

ある女性は、デパートの化粧品売り場で働いています。

そこで、彼女は、お客さんに喜んでもらえるような商品を選び提供できるように一生懸命に尽くしています。

また、実際に、化粧の仕方をアドバイスすることもありますが、その際にも、お客さんの顔がもっと綺麗《きれい》になるように全力を尽くします。

ですから、彼女は、お客さんにとても評判が良く、「おかげ様で、ありがとう」と感謝されることも多いのです。

そんな彼女も、お客さんから、「ありがとう」という感謝の言葉をもらうと、心から「この仕事をしていて良かった」という満足感を得られると言います。

もちろん、これは「一生懸命に尽くす」ことから得られる満足感だと思います。

もし人に尽くすことに手抜きをしたり、怠けたり、いいかげんなことをしたりすれば、その相手は「ありがとう」と感謝してくれることはないでしょう。

そうなれば、手抜きをしたその人は、満足感を得ることはできないのです。

言い換えれば、人に喜びを与えるために一生懸命になって尽くせば尽くすほど、その人に返ってくる満足感も大きなものになっていくのです。

従って、**今自分がしている仕事などを通して、人のために尽くすことに努力するこ**とをお勧めします。

あるいは、社会や友人や家族の喜びのために一生懸命に尽くすのです。

そのように努力して感謝されれば、自分自身に「幸せな満足感」になって返ってくるのです。

善行を積み重ねていって、大きな満足感を得る

◆お客さんのみならず、地域の人たちのために尽くす

江戸時代に活躍した人たちに、近江《おうみ》商人がいます。

近江商人とは、近江地方、つまり、現在の滋賀県、琵琶湖《びわこ》の周辺を本拠地にして、全国を行商して回ったり、あるいは支店を出して商売をしていた商人たちを指します。

非常に商売がうまく、現在でも、デパートの高島屋や、商社の伊藤忠、寝具の西川産業など、近江商人から発展してきた大企業もあります。

この近江商人が商売のモットーとして代々受け継いできた言葉があります。それは、

「積善《せきぜん》の家には、必ず余慶《よけい》あり」

というものです。

この言葉にある「積善」とは、「善行を積む」ということです。わかりやすく言えば、「良いことをする」という意味です。

また、「余慶」とは、「喜ばしいことが、あり余るほどある」ということです。

つまり、「良いことをすると、喜ばしいことがたくさんある」と指摘しているのです。

では、その「善行」、つまり、「良いこと」とは何かと言えば、それは「人に喜びを与える」ということなのです。

実際に、近江商人たちは、お客さんに喜んでもらえる商売を心がけたことはもちろん、その地域で暮らす人たちのために道路を補修したり、橋をかけたりといった慈善事業をたくさん行っていたのです。

その結果、近江商人たちの評判はさらに高まり、商売も大繁盛《だいはんじょう》していきました。

言い換えると、「大きな満足感」を得ることができたのです。

ボランティア活動で、良いことをした満足感を得る

◆自分なりにできるボランティア活動を探す

災害ボランティアとして、全国で活躍している高齢の方々がいます。

年に何回か、全国各地で、地震や水害などの災害が起こります。

そんなニュースに接した時は、被災地に駆けつけて、困っている人たちのためにボランティア活動を行うのです。

そのために、時に、仕事やプライベートの生活を犠牲《ぎせい》にすることもあるようです。

しかし、それにもかかわらず、彼らはボランティアを通して人に喜んでもらうことに、大きな満足感を得ているのです。

このように「**人のために尽くす**」ということは、その本人に幸せな満足感をもたら

すものなのです。

事例の方たちのように自然災害を受けた地域に行かなくても、自分の家の周辺でできるボランティア活動もたくさんあると思います。

たとえば、地域の清掃活動に参加する、といった方法もあるでしょう。

自治会の人たちと協力して、イベントを手伝うのです。

それだけでも、「世間のため、人のために良いことをした」という幸福な満足感を得ることになると思います。

そして、その満足感が、その人自身の精神面をポジティブなものにします。

より前向きに、すばらしい人生を築いていこう、という意欲が、さらに強まっていくのです。

そういう意味で、自分なりにできるボランティア活動に参加するのも、心の満足を得るための一つの方法です。

「情けは人のためならず」という言葉を誤解している人も多い

◆人のためになることをするのは、人と自分にとって良いことである

「情けは人のためならず」ということわざがあります。

これは、「人に情けをかける、つまり、人に喜ばれることをすれば、それは巡り巡って、自分のために良いことになる」という意味を表しています。

文化庁が「国語に関する世論調査」という名目で行った調査で興味深い結果が出ました。その世論調査で、「『情けは人のためならず』とは、どういう意味ですか？」と問いかけました。すると、次のような結果が得られたのです。

①「人に情けを掛けておくと，巡り巡って結局は自分のためになる」…45・8パーセント。

②「人に情けを掛けて助けてやることは，結局はその人のためにならない」…45・7パーセント。

この②の「人に情けを掛けて助けてやることは，結局はその人のためにならない」という答えは、間違った解釈です。

これは、人のために何か良いことをするのは、実際には、その人のためにならないのだから、善行などはしないほうがいい、ということを意味しています。

しかし、そのような間違った解釈であるにもかかわらず、「情けは人のためならず」という言葉を、「善行などはしないほうがいい」という意味に理解している人が、全体の45・７パーセントもいたというのです。

そして、間違った解釈のために、人のために何かすることを避けている人も多い、ということを示しているのです。

この間違いに気づき、積極的に人に喜びを与えることをするほうが、自分の「満足いく人生」につながるのです。

人に喜びを与えられる人は、すべて「芸術家」である

◆自分の仕事を通して、「人に喜びと楽しみを与える人」になる

アニメ映画の製作者として活躍し、ミッキーマウスなどアニメの動物を作り出した人物に、ウォルト・ディズニー（20世紀）がいます。

テーマパークであるディズニーランドを創設した人物としても有名です。

このウォルト・ディズニーは、**「すべての芸術家は何よりも先に、まず人に喜びを与える人である。他人を楽しませることが好きな人は、やはり同じように自分自身の喜びと満足を得ている」**と述べました。

ウォルト・ディズニーは、この言葉で「芸術家」と言っていますが、しかしこれは芸術家に限らず、あらゆる仕事に携わっている人に言えることではないかと思います。

たとえば、自動車を開発している人は、その自動車を通して「人に喜びを与える人」なのです。そして、その人が開発した自動車によって、「他人を楽しませることが好きな人」だと思います。

そのようにして、自分の仕事を通して人に「喜びと楽しみ」を与えることができる人は、そのことによって自分自身が「喜びと満足」を得ることができるのです。

また、ホテルのサービスマンをしている人も同様でしょう。

その人は、ホテルにやってくるお客さんに、心のこもったサービスを通して「喜びと楽しみ」を与えることによって、その人自身がホテルで働くことに「喜びと満足」を得ることができるのです。

もしかしたら、ウォルト・ディズニーは、この言葉で、自動車を開発する人や、ホテルのサービスマンも含めて、人に「喜びと楽しみ」を与えることができる人すべてを「芸術家」と呼んだのかもしれません。

自分が満足することだけ考えていても、真の満足は得られない

◆世界の平和のために貢献することを考えてみる

イギリスの哲学者に、バートランド・ラッセル（19～20世紀）がいます。『幸福論』という本が日本語に翻訳され出版されており、広く読者を集めていることで有名です。

このバートランド・ラッセルは、その『幸福論』の中で、**「本当に心を満足させる幸福は、私たちの様々な能力を精いっぱいに行使することから、また私たちの生きている世界が充分に完成することから生まれる」**と述べました。

哲学者らしく少し難解な部分がある言葉ですが、この言葉の重要なポイントは、「私たちの生きている世界が充分に完成する」というところにあると思います。

これは、わかりやすく意訳すれば、「この世界が平和で、そこで暮らしている人たちすべてが幸福になれるような世界を完成する」ということだと思います。

そのような世界の平和のため、人々の幸福のために、「私たちの様々な能力を精いっぱいに行使すること」が大切だと言うのです。

つまり、世界の平和のため、人々の幸福のために、自分が持っている能力を使って貢献することが大切なのです。

そして、そのように献身的な生き方をする人が、「本当に心を満足させる幸福」を得られる、ということなのです。

人は、自分が満足感を得ることだけを考えて生きていても、本当の意味で心を満足させることはできません。

人に貢献し、人に喜びを与えることによって、その人は本当の意味での精神的な満足感をえることができるのです。

自分のことのみを考えて生きていると、満足感は得られないのです。

感謝する気持ちが、穏やかな満足感に満ちた生活を作る

◆人からしてもらったことに、満足し感謝する

「真の満足」を得て生きてくために大切なことが二つあります。

一つには、「人に喜びを与える」ということです。

また、それとは別に、「人からしてもらったことに感謝する」ということがあげられます。

他人が好意でしてくれたことに対して、心から満足し、そして感謝するのです。そうすることで、その人自身の心に深い満足感が生まれます。

精神科医であり、エッセイストとして活躍した人物に、斎藤《さいとう》茂太《しげた》（19～20世紀）がいます。

彼は、「『**感謝する心』は、人間社会のなかで心穏やかに生きる最高の発明品である**」と述べました。

人からしてもらったことには、心から満足し感謝します。

そういう習慣を身に着けることで、その人自身が「心穏やかに生きていける」ようになるのです。

「心穏やかに生きていける」とは、言い換えれば、それだけ人生に満足し、日々の生活にも満足している証しだとも言えると思います。

満足する気持ちがあってこそ、心穏やかに生きていけます。

不満だけでの人生では、イライラしたり、カッカしたりで、とても心穏やかには生きていけないでしょう。

そして、そのような穏やかな満足感に満ちた生活を送っていくために大切なことは、「人からしてもらったことに満足し感謝することだ」と、斎藤茂太はこの言葉で指摘しているのです。

「満足し感謝する」ことで、精神的に良い影響がたくさんある

◆「満足して感謝する」を日々の習慣にする

心理学では、「人からしてもらったことに満足し、そして感謝する」ということが、その人の精神にとても良い効果を与えることが知られています。

アメリカで、次のような心理学の実験がありました。

複数の人たちを集めて、二つのグループに分けました。

一つのグループの人たちには、毎日数分間、「人にしてもらったことに満足し感謝する」ということをしてもらいました。

もう一つのグループには、そのような時間は設けませんでした。

その結果、「満足し感謝する」ということを習慣にしていたグループの人たちには、

そうではなかったグループの人たちに比べて、次のような精神的変化があったというのです。

・生きることを肯定的に考えられるようになった。
・幸福感が高まった、何事にもポジティブになった。
・人に対してやさしい気持ちを持てるようになった。
・人の手助けをすることを、積極的に申し出られるようになった。
・良く眠れるようになり、体調が良くなった。
・よく体を動かすようになった。運動をするようになった。

つまり、他人がしてくれたことに満足し感謝する習慣を持つことで、その人自身が自分の人生にさらに一層満足して生きていけるようになるのです。

従って、**「満足して感謝する」ということを日々の習慣にする**ことをお勧めします。

初めは、時々満足して感謝するのでも良いと思います。

人がしてくれたものは、何であれ満足する

◆ポジティブな面を見つけ出して、人のしてくれたことに満足する

満ち足りた気持ちで生きていくためのコツに、「人のしてくれたことに満足する」ということがあります。

どんなことであれ、人が自分のためを思い、自分のためにしてくれたことには、感謝し、そして満足するのです。

さらに、そうすることで、人間関係が良くなります。

周りの人たちから愛され、慕われ、仲良くしてもらえるようになります。

その結果、自分自身の心も幸福感に満たされていきます。

人が自分のためにしてくれたことに、不満を持って、文句を言ったりなどはしない

ほうがいいでしょう。

そんなことをすれば、人間関係が悪くなり、自分自身も怒りや、イライラ、悩みといったネガティブな感情に苦しめられることになるからです。

相手のしてくれたことに満足するコツは、**「ポジティブな面を見つけ出す」**ということにあります。

ある男性の妻は、あまり料理が得意ではありません。

妻は妻なりに一生懸命になって料理をしているのですが、ひどく変わった味の料理を作りあげてしまうこともあると言います。

しかし、彼は、妻が作ってくれた料理に文句は言いません。

彼は、妻の作ってくれた料理の良いところを見つけ出して、「こんな個性的な味の料理は食べたことがない。個性的な味の料理を毎日食べられるなんて、私は幸せ者だ」と考えて、妻の料理に満足しているのです。

ですから、彼と妻との関係は、とてもうまくいっています。

第9章
成長し、育てることに満足する

自分の成長を実感することが、大きな満足感を生む

◆自分に不満を感じるのは、成長できていない証しである

自分が着実に成長できていることを実感できること以上に、自分の人生に満足できることはないと思います。

言い方を換えれば、自分自身に不満を持ってしまうのは、自分の成長を実感できていない証しなのかもしれません。

そういう意味では、日々自分の成長を実感しながら生きていくことが、「満足のいく人生」、さらに言えば幸福な人生につながっていきます。

では、どうすれば自分の成長を実感できるのかと言えば、その基本はまず、**自分を高めるための努力を続けていく**ことです。

本を読んだり、立派な人の話を聞いて参考にしたり、色々なことにチャレンジして経験と知識を蓄積していくことです。

その際に大切なことは、あまりに高い目標、あまりに大きな理想を掲げない、ということです。

目標や理想を高く掲げすぎると、それと現状の自分のギャップが大きくなってしまって、自分の成長を実感できなくなってしまうのです。

従って、**無理のない目標を定める**のがコツです。

その目標を達成することで、自分の成長を実感でき、さらに「ステップアップするために、さらにがんばろう」という意欲も生まれてくるからです。

そのようにして「無理のない目標」を一つずつ達成し、少しずつ成長している自分を実感することによって、自分の生き方への満足感も日に日に大きなものになっていくのです。

まずは、満足するために自分を成長させる努力を始めることが大切です。

夢のために努力する過程で、自分の成長を実感していく

◆成長に満足している人には、ねばり強さがある

イギリスの小説家にオスカー・ワイルド（19～20世紀）がいます。

代表作である『ドリアン・グレイの肖像』は映画化され、日本でも上演されました。

このオスカー・ワイルドは、**「人生の目的は、自己の成長である」**と述べました。

成功して有名になり、そしてお金持ちになることを目指して努力している人もいると思います。

それ自体は、もちろん、悪いことではありません。

しかし、成功することばかりに目を向けるのではなく、それを目指して日々少しずつ成長していることを実感することが大切です。

それが生きることの満足感、生きることの喜びを生み出すからです。

オスカー・ワイルドは、この言葉で、その「成長を実感することこそが、人生でもっとも大切な目的である」と指摘しているのです。

この成長することを目標にして生きていけば、たとえ「成功する」「有名になる」「お金持ちになる」ということができなかったとしても、そんな自分に失望してしまうことはありません。

たとえ成功できなくても、そこに向かって成長し続けてきた自分自身に大きな満足感を得ることができるからです。

ですから、自分の夢や願望を実現するためにがんばるのと同時に、その努力の過程で自分が少しずつ成長していることを実感することが大切です。

「成長を実感し、成長に満足する」ということが、飽きることなく努力を続けていく意欲も作り出します。

成長したことに満足している人は、ねばり強く努力を続けていけるのです。

負け続けていても、成長を実感できれば満足できる

◆「勝ち負け」よりも「成長すること」に重点を置く

一生懸命になって努力していれば、必ずその人は成長していきます。

少しずつではあるかもしれませんが、着実に成長していくのです。

そして、その成長を実感することで、自分の生き方に満足することができるようになるのです。

ある男性は、趣味でテニスをしています。

テニスサークルに入会して、休日にテニスを楽しんでいるのです。

しかし、彼は、どちらかというとテニスはあまり上手ではありません。

ですから、試合になると、負けてばかりいます。

ですが、テニスを上手になりたいと一生懸命になって練習しています。

とはいえ、普段は仕事があるのです、練習に十分な時間を取ることはできません。

しかしながら、時間がある時は、一生懸命になってテニスの練習をしているのです。

そのかいもあって、少しずつ自分が上達していることを実感できるのです。

相変わらず試合になると負けてばかりなのですが、しかし、テニスが少しずつ上手になっていることを実感できるので、それに十分満足しテニスを楽しんで続けていくことができると言います。

この事例の男性のように、たとえ負け続けていても、自分が成長することを実感できれば、それに満足して努力を続けることもできるのです。

もちろん試合で勝つことができればいいのでしょうが、「勝ち負け」というのはもっとも大切なことではないのです。

もっとも大切なのは、「一生懸命になって努力して、成長を実感する」という点にあるのです。

負けて悔しい思いをした時から、その人の成長が始まる

◆「負ける」という経験を肯定的に受け入れて成長する

柔道選手として活躍した男性に、神永昭夫《かみながあきお》（20世紀）がいます。

昭和三十九年の東京オリンピックでは、柔道の無差別級の決勝でオランダのヘーシンクに負けたものの、銀メダルを獲得した選手として有名です。

この神永昭夫は、**「勝負は負けた時から始まる。弱さを知った時、おのれの成長が始まる」**と述べました。

誰でも、「負ける」という経験をする時があると思います。

神永昭夫のようなスポーツマンばかりではなく、サラリーマンなどでも、たとえば「出世のライバル競争に負ける」だとか、「ライバル会社との売り上げの競争で負ける」

といったことがあると思います。

しかし、たとえ「負ける」という経験をすることがあったとして、不満を募《つの》らせる必要はないのです。

「私はなんて弱い人間なんだ。自分はダメだ」という自己嫌悪の感情で落ち込んでしまう必要はないのです。

「負けた」という経験をすることによって、そこから「おのれの成長が始まる」と考えることが大切です。

そして、実際にその後、一生懸命に努力して、自分が成長したということを実感できれば、「負けた」という経験も肯定的に受け入れられるようになるでしょう。

後になって振り返って、「あの時、負けた経験をしたから、自分は成長できた」と考えれば、「負けた」という経験に満足すらできるようになるのです。

人間の成長というものは、実際に、負けて悔しい思いをしたことをきっかけにして始まることも多いのです。

成長が遅いからこそ、しっかり「中身のある人間」になれる

◆成長が遅いことに不満を持たなければ、着実に成長していく

人によっては、性格的に器用で、短時間でどんどん成長していく人もいます。

一方で、性格的に不器用なところがあって、時間をかけてもなかなか成長していかない人もいます。

そのような「成長が遅い人」は、自分の成長を実感することができず、自分の性格に不満を抱いてしまう人もいるかもしれません。

しかし、たとえ成長が遅くても、着実に成長していることには変わりはないのです。

その**「着実に成長している部分」に着目して、それに満足し、喜びを感じるようにしていく**ほうがいいでしょう。

そのほうが前向きに生きていけます。

それに「成長が速い」ということが、必ずしも良いことだとは限りません。

たとえば、竹《たけ》という植物があります。

この竹は成長がとても速いことで知られていますが、中身は空洞です。

それと同じように、成長は早いけれども「中身がない」という人もいないわけではありません。

「神童《しんどう》も二十歳すぎれば、ただの人」という言葉もあります。

「神童」と呼ばれるくらい成長が速い子供は、往々にして、二十歳を過ぎると、中身のない凡人になってしまうことがある、という意味を表しています。

やはり「成長が速い」からといって、それが必ずしも良いことだとは限らない、ということを指摘しているのです。

そういう意味では、たとえ成長が遅くても、しっかりと「中身のある人間」になることができれば、自分に大いに満足できます。

「内発的動機付け」と「外発的動機付け」を持つ

◆「好きだから」と「評価されたい」という両方の気持ちを持つ

心理学に「内《ない》発《はつ》的《てき》動《どう》機《き》付《づ》け」と「外《がい》発《はつ》的《てき》動《どう》機《き》付《づ》け」という言葉があります。

どちらもモチベーション、つまり、やる気を高めるための要因を意味している言葉です。

「内発的動機付け」とは、その人の内面から、「私はこれが好きだから、これをやっていると楽しいから、ぜひやりたい」といったようにわき上がってくる「やる気」を意味しています。

一方で、「外発的動機付け」とは、たとえば、「これを達成すれば、ボーナスをもらえる」だとか、「成功すれば、名誉ある賞をもらえる」といった外的な要因によって高められる「やる気」を意味しています。

心理学では、人が長くやる気を持続し、その中で成長していく自分を実感し、満足のいく結果を得るためには、この「内発的動機付け」と「外発的動機付け」をバランスよく調和させていくことが大切だということが知られています。

言い換えれば、どちらか一方だけに偏《かたよ》ってしまうと、やる気が長続きしないのです。やる気が長続きしなければ、当然のことながら、満足できる結果も得られません。ですから、**「私は好きだから、楽しいから、これを極《きわ》めたい」という内発的動機付けと、「これをやり遂げて、世間から評価されたい。収入をアップしたい」という外発的動機付けを、上手にバランスを取りながら合わせ持っておく**ことが大切なのです。

そうすれば、やる気を長く持続しながら、満足できる人生を築き上げていくこともできるのです。

「好きだから絵を描く」と「展覧会で賞をほしい」を両立する

◆「多額の報酬がほしい」だけでは、やる気は長続きしない

心理学で、次のような実験がありました。

実験者は、複数の被験者を集めて、「この課題をやり遂げたら、多額の報酬を支払う」と約束しました。

すると、その「多額の報酬」にやる気をかき立てられた被験者たちは、一生懸命になって課題に取り組み始めました。しかし、実験者は、その途中で、「申し訳ないが、約束していた報酬は支払えなくなった」と、被験者たちに言いました。

すると、そのとたん、被験者たちはやる気をなくしてしまったのです。

この心理学実験の「多額の報酬」とは、いわゆる「外発的動機付け」なのです。

被験者たちは、この外発的動機付けにやる気をかき立てられて、一生懸命になって課題に取り組んでいたのです。

しかし、その外発的動機付けがなくなってしまうと、つまり、多額の報酬が期待できなくなってしまうと、とたんにやる気を失ってしまうのです。

人の人生では、もちろん、「収入を上げたい」「お金持ちになりたい」という外発的な要因で、やる気をかき立てていくことも大切です。

しかし、それのみならず、「自分がこれをするのが好きだから、熱中してこれをやっていきたい」という内発的な動機付けも大切にしていくことが重要なのです。

また、**趣味においても、たとえば「絵が好きだから、絵を描いていきたい」という内発的動機付けと、「自分の描いた絵をコンテストに出展して、名誉ある賞がほしい」といった外発的動機付けを、バランスよく持ち合わせていく**ことが大切なのです。

そうやってこそ、自分の成長を実感し、満足のいく結果を得られます。

みずから成長し、そして人の成長のお手伝いをする

◆人の成長していく姿を見て、満足感を得る

「自分の成長を実感する」ということが、その人の「生きている満足感」につながります。

それと同時に、「他人に教え、他人を育てていく」ということにも、人は「生きている満足感」を強く得るものなのです。

ロシアの文豪に、トルストイ（19世紀）がいます。

『戦争と平和』や『アンナ・カレーニナ』などの作品で、世界的に読み継がれている有名な小説家です。

このトルストイは、**「みずから精神的に成長し、人々の成長にも協力せよ。それが人**

生を生きることである」と指摘しました。

みずからを成長させるために、本を読んだり、人生について考えたり、勉強をしたりします。

そのようにして、みずからの成長を実感することは、その人に大きな満足感を与えるでしょう。

しかし、トルストイは、それと同時に、「人々の成長にも協力する」ということも大切だと言うのです。

つまり、自分が経験から得た知識や教養といったものを人々に教え、その人々が成長していくことの手伝いをするのです。

そうやって、自分が他に協力することで、その人達が成長していく姿を見ることも、自分自身の大きな満足感につながるのです。

そのようにして、自分が成長することのみならず、人の成長のお手伝いをしてあげることが、「人生の重要な意味」だと、トルストイは考えていたのです。

親は、子供の成長を見ながら、みずからが満足する

◆他人の成長を見守ることを、生きる楽しみにする

親にとって、子供の成長は、人生の大きな喜びの一つでしょう。

また、親は、「子供が立派に成長していくために、何でもしてあげたい」と思うものだと思います。

そして、実際に子供が立派に成長する姿を見ることができれば、それはその親自身の大きな人生の満足感につながるのです。

このような構図は、「親と子供」との関係ばかりに限りません。

たとえば、学校でも、教師は生徒の成長のために一生懸命になって尽くします。

そして、生徒たちの学力が伸び、そして人間的にも成長していく姿を見ることがで

きれば、その教師自身が大きな満足感を得ることができるでしょう。

職場では、「上司と部下」の関係も、同じ構図だと思います。

上司が、部下の成長のために一生懸命になって協力し、その部下が一人前に成長していく姿を見ることができれば、それは上司自身の大きな喜びになり、その上司は「協力したかいがあった」という満足感を得ることができるでしょう。

このように、人にとっては、自分が成長することのみならず、他人を育て、他人が成長していく姿をみることも、「大きな満足感」になるものなのです。

そういう意味では、**自分が成長するための努力をしていくのと同時に、子供や生徒、あるいは部下や後輩などを「育てていく」ということについても一生懸命に取り組んでいく**ほうが良いと思います。

他人の成長を見ているのも楽しく、人生に満足することにつながるのです。

仏教の「自利利他」の精神を持って生きていく

◆自分が得た知識や経験を、他人のために役立てる

仏教に、「**自利利他**《じりりた》」という言葉があります。

仏教の創始者であるブッダ（紀元前5～4世紀）は、もともとはインドの北方にあったシャカ族の国の王家に生まれました。

しかし、生きることに思い悩んだ挙句に、将来の王家の地位を捨てて出家しました。

その後は、人生の究極的な安らぎである悟りを得るために、一生懸命になって修行をしました。

そして、修行の過程で成長したブッダは、とうとう悟りを得ました。

しかし、そこで今度は、「自分が手に入れた安らぎを幸せの境地を、多くの人たちのために役立てよう」と決心しました。

そして、インドの各地を歩き回りながら、自分が得た「安らぎと幸せを得るための方法」を説き、人々を教え育てる活動をしたのです。

そのようなブッダの生き方から、「自利利他」という言葉が生まれました。

これは、すなわち、**「みずから人間的に成長することによって得た安らぎと幸福という『利』を、他人のためにも役立てる」**ということを意味しています。

このような仏教の「自利利他」という精神を持って、また、それを実践していくことが「人生の満足」を得るためのコツになると思います。

成長する過程でその人が得ることができた知識や経験を、自分一人だけで蓄えておくことは、ある意味、もったいないことです。

その知識や経験を、他人の成長と幸せのために役立てることが大切です。

そして、その相手が、教えた知識や経験を生かして育っていく姿を見れば、それは教えた人自身の大きな満足感になるでしょう。

植西 聰（うえにし・あきら）

東京都出身。著述家。

学習院高等科・同大学卒業後、資生堂に勤務。

独立後、人生論の研究に従事し、独自の『成心学』理論を確立。同時に「心が元気になる」をテーマとした著述活動を開始。

一九九五年（平成七年）、「産業カウンセラー」（労働大臣認定資格）を取得。

○主なベストセラー著書

・折れない心をつくるたった1つの習慣（青春出版社）
・平常心のコツ（自由国民社）
・「いいこと」がいっぱい起こる！ブッダの言葉（三笠書房）
・マーフィーの恋愛成功法則（扶桑社文庫）
・ヘタな人生論よりイソップ物語（河出書房新社）
・「カチン」ときたときのとっさの対処術（ＫＫベストセラーズ）
・運がよくなる１００の法則（集英社）
・「運命の人」は存在する（サンマーク出版）
・願いを９割実現する マーフィーの法則（ＫＡＤＯＫＡＷＡ）

満足《まんぞく》するコツ

「ありのまま」で幸せになる94のことば

二〇二〇年（令和二年）五月二十四日　初版第一刷発行

著　者　植西　聰

発行者　伊藤　滋
発行所　株式会社自由国民社
東京都豊島区高田三―一〇―一一
〒一七一―〇〇三三　http://www.jiyu.co.jp/
振替〇〇一〇〇―六―一八九〇〇九
電話〇三―六二三三―〇七八一（代表）

造　本　ＪＫ
印刷所　新灯印刷株式会社
製本所　新風製本株式会社